Bibliothèque Larousse

Le Patinage artistique

LE CÉLÈBRE CHAMPION RUSSE PANIN

Par Louis MAGNUS

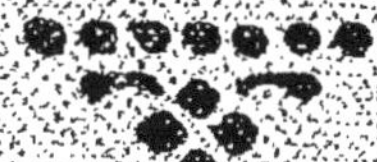

Le Patinage artistique

Le Patinage artistique

Par Louis MAGNUS

33 GRAVURES
ET 19 PLANCHES HORS TEXTE

Bibliothèque Larousse
Paris - 13-17, rue Montparnasse

PRÉFACE

Le patinage sous toutes ses formes est un sport passionnant. Seuls ceux qui n'en ont pas encore goûté les charmes pourront en douter. Si les débuts sont souvent décevants, les progrès accomplis ensuite engagent le patineur à travailler et à recueillir le fruit de son labeur.

Le patinage de figures, ou patinage artistique, est particulièrement attachant, parce qu'il est à la fois un sport et un art.

C'est un sport, parce qu'il développe le corps d'une façon très complète. Il ne faut pas croire, en effet, que, dans le patinage, seules les jambes travaillent. Tout contribue à l'exécution du mouvement; la tête, les bras, le torse ont chacun leur rôle déterminé, et c'est la raison pour laquelle c'est une tâche délicate pour l'auteur que d'expliquer la technique des mouvements à cause de leur complexité. A ce point de vue, le meilleur manuel de patinage serait la reproduction cinématographique des mouvements d'un champion, parce qu'elle permettrait de suivre le jeu de toutes les parties du corps.

C'est encore un sport, parce qu'il fait travailler l'intelligence qui doit commander la cohésion des divers mouvements.

C'est un art, parce que la personnalité du patineur, son originalité, son esprit d'invention, son goût, son sens du rythme, entrent fortement en jeu. Et cela, non seulement dans les diverses branches du patinage libre, mais aussi, à un degré moindre il est vrai, dans les figures imposées.

Le but de ce manuel, dont le format permettra au patineur de l'utiliser aisément sur la glace, est de fournir les renseignements utiles sur l'art du patinage, aussi bien aux débutants qu'à ceux déjà expérimentés qui veulent progresser dans ce sport difficile.

Il traite spécialement du patinage de figures sous ses diverses formes : patinage individuel et patinage par couples.

Les dessins et photographies qui accompagnent le texte montreront plus facilement que le texte lui-même les positions adoptées dans le style international.

Après avoir décrit les notions générales con-

cernant l'équipement, nous passerons aux principes élémentaires des premiers pas et ensuite aux figures fondamentales qui sont la base du patinage artistique.

Nous étudierons ensuite les figures d'école élémentaires, puis composées, enfin le patinage libre et les figures spéciales.

L'ouvrage se termine par le patinage par couples, dont la valse est l'un des éléments.

LOUIS *MAGNUS*.

H. GRENANDER,
CHAMPION DU MONDE (1898) DANS LE GRAND AIGLE

Le Patinage artistique

HISTORIQUE

Le patinage, qui fut d'abord chez les peuples du Nord un moyen primitif de transport pour traverser les fleuves et les mers gelés de ces régions, n'est devenu un sport que fort longtemps après son invention, dont on ne saurait préciser les origines.

Les premières tentatives artistiques proviennent de la Hollande, lors de l'invention du patin à lame de fer enchâssée dans une semelle de bois et qui date sans doute du XIVe siècle.

Ces lames à deux tranchants, alors que les antiques patins en os n'en avaient point, permirent aux Hollandais de créer ce que l'on appela les *balancés hollandais*, qui ne sont autre chose que les dehors et les dedans (v. p. 22), base de tout le patinage artistique.

Lorsque les Stuarts, exilés en Hollande par la révolution anglaise, remontèrent sur le trône en 1660, ils rapportèrent à Londres les patins et les principes hollandais. Les Anglais ne se contentèrent pas longtemps de ce patinage primitif et formèrent des clubs; ils instituèrent aussi une méthode dont les principes sont décrits dans le premier traité de patinage publié en 1772 par *Robert Jones* et mentionnant les huit, les trois, les changements de carre, le grand aigle.

Ce fut l'œuvre du XVIIIe siècle que cette transformation du patinage dans les pays d'Europe et d'Amérique.

Le premier traité écrit en français, mais le second dans l'histoire du patinage, fut celui de *Garcin* qui, publié en 1813, possède de grandes qualités.

Il est à remarquer qu'à cette époque, les positions des bras jouent un très grand rôle dans le patinage artistique qui tend alors à viser à l'effet théâtral.

Les poètes Gœthe, Klopstock, Lamartine, les peintres Vernet et Isabey, les fanatiques tels que le chevalier de Saint-Georges, Garcin, Billiaut, furent vers cette époque les grandes étoiles de cet art.

En 1825, parut le premier traité en allemand, *der Eislauf*, par *Zindel* et illustré par *Klein*.

Un fait nouveau se produisit en 1865 : ce fut la venue en Europe de l'Américain *Jackson Haines*, considéré comme le promoteur du style international et dont les exhibitions à Vienne, à Saint-Pétersbourg et ailleurs révolutionnèrent de fond en comble le patinage artistique.

Il est curieux de noter que vers la même époque apparaissait en Angleterre un style nouveau, le *style anglais*, conception étrange d'un sport où la souplesse et l'élégance sont les grands ressorts.

Ce style, d'une raideur inconcevable, se développa et régna en Angleterre vers 1890, où une vive réaction se manifesta pour imposer le style international.

La fondation, dans presque tous les pays du monde, de patinoires artificielles contribua puissamment au développement du patinage artistique dont les règles furent définitivement établies par la fondation, en 1892, de l'*Union internationale de patinage*.

A partir de cette époque, on disputa régulièrement les championnats du monde et d'Europe de figures individuelles et par couples, dont voici les noms des vainqueurs suivis de leur nationalité et de la ville où eurent lieu les championnats :

CHAMPIONNAT DU MONDE DE FIGURES

Messieurs.

1896	G. Fuchs (Allemand)	à Saint-Pétersbourg.
1897	G. Hugel (Autrichien)	Stockholm.
1898	H. Grenander (Suédois)	Londres.
1899	G. Hugel (Autrichien)	Davos.

1900 G. HUGEL (Autrichien) .... à Davos.
1901 U. SALCHOW (Suédois).............. Stockholm.
1902 — — .... Londres.
1903 — — .... Saint-Pétersbourg.
1904 — — .... Berlin.
1905 — — .... Stockholm.
1906 G. FUCHS (Allemand)................ Munich.
1907 U. SALCHOW (Suédois).............. Vienne.
1908 — — .... Troppau.
1909 — — .... Stockholm.
1910 — — .... Davos.
1911 — — .... Berlin.
1912 F. KACHLER (Autrichien)............ Manchester.
1913 — — . Vienne.

Dames.

1906 Mme SYERS (Anglaise)................ à Davos.
1907 — — .... Vienne.
1908 Mlle KRONBERGER (Hongroise)........ Troppau.
1909 — — .... Budapest.
1910 — — .... Berlin.
1911 — — .... Vienne.
1912 Mlle VON MÉRAY-HORVATH (Hongroise). Davos.
1913 — — . Stockholm.

Couples.

1902 M. et Mme SYERS (Anglais)........... à Londres.
1903 Mme VON SZABO et M. EULER (Autrichiens)........................ Saint-Pétersbourg.
1904 M. et Mme SYERS (Anglais).......... Berlin.
1905 M. OTTO et Mlle BOHATSCH (Autrichiens). Stockholm.
1906 Mlle HUBLER et M. BURGER (Allemands). Munich.
1907 — — — Vienne.
1908 — — — . Saint-Pétersbourg.
1909 M. et Mme JOHNSON (Anglais)........ Stockholm.
1910 Mlle HUBLER et M. BURGER (Allemands). Berlin.
1911 Mlle EILERS et M. JAKOBSSON (Finlandais). Vienne.
1912 M. et Mme JOHNSON (Anglais)........ Manchester.
1913 Mlle ENGELMANN et M. MEJSTRIK (Autrichiens).

CHAMPIONNAT D'EUROPE DE FIGURES

1891 O. UHLIG (Allemand)................ à Hambourg.
1892 E. ENGELMANN (Autrichien).......... Vienne.
1893 Résultat annulé.................... Berlin.
1894 E. ENGELMANN (Autrichien).......... Vienne.

1895	T. von Foldvary (Hongrois)........	à Budapest.
1896-1897	Pas disputé.	
1898	U. Salchow (Suédois)..............	Trondhjem.
1899	— —	Davos.
1900	— —	Berlin.
1901	G. Hugel (Autrichien)..............	Vienne.
1902-1903	Pas disputé.	
1904	U. Salchow (Suédois)..............	Davos.
1905	Max Bohatsch (Autrichien)..........	Bonn.
1906	U. Salchow (Suédois)..............	Davos.
1907	— —	Berlin.
1908	E. Herz (Autrichien)..............	Varsovie.
1909	U. Salchow (Suédois)..............	Budapest.
1910	— —	Berlin.
1911	P. Thorèn (Suédois)...............	Saint-Pétersbourg.
1912	G. Sandahl (Suédois)..............	Stockholm.
1913	U. Salchow (Suédois)..............	Christiania.

Par cette liste, on peut se rendre compte que jusqu'à présent la Suède, l'Autriche, la Hongrie, l'Allemagne, l'Angleterre et la Finlande ont été seules à détenir les titres mondiaux.

Néanmoins, les autres pays possèdent des champions, dont nous croyons utile de citer les principaux :

Allemagne : Dr Fuchs, Rittberger, Rendschmidt, Mlle Rendschmidt Mlle Hubler et M. Burger.

Amérique : Irving Brokaw.

Angleterre : J. K. Greig, March, Yglesias, Torromé, Cumming, Williams, Mme Smith, Miss Harrisson, Miss Lycett, M. et Mme Syers, M. et Mme Johnson.

Australie : Poole.

Autriche : Hugel, Max et Otto Bohatsch, Herz, Kachler, Mejstrik, Mlle Herz, Mlle Wellenreiter.

Finlande : M. et Mme Jakobsson.

France : Magnus, Trugard, Pigueron, Mme del Monte.

Hongrie : Foldvary, Szende, Mme von Szent-Gyorgi, Mlle von Méray-Horvath.

Norvège : H. Paulsen, Styxud, M. et Mme Bryn.

Russie : Panin, Ollow, Datlin, Malinin.

Suède : Salchow, Johansson, Thoren, Grenander, Sandahl, Roth, Grafstrom, Mlle Montgomery, Mlle Norèn.

Le patinage de figures n'a commencé à être pratiqué sérieusement en France, qu'à partir de 1908, époque à laquelle furent disputés les premiers championnats organisés par le *Club des patineurs de Paris*, à qui l'on doit toute l'extension prise depuis ce temps par le patinage artistique.

Voici les résultats de ces championnats de France :

Messieurs

1908	MAGNUS........................	Chamonix.
1909	—	—
1910	—	Paris.
1911	—	—
1912	TRUGARD........................	—
1913	PIGUERON........................	—

Dames.

1909	Mlle Y. LACROIX..................	Paris.
1910	Mme DEL MONTE..................	—
1911	Mlle POUJADE..................	—
1912	Mme DEL MONTE..................	—
1913	Mlle POUJADE..................	—

Couples.

1911	Mlle AYSAGUER et M. SABOURET......	Paris.
1912	Mme DEL MONTE et M. MAGNUS......	—
1913	Mlle POUJADE et M. PIGUERON.......	—

En Belgique et en Suisse, le mouvement n'a commencé qu'en 1910-1911 ; c'est la raison pour laquelle ces deux pays ne comptent pas encore de champions de figures.

Il est à prévoir que l'Italie et l'Espagne entreront bientôt dans ce mouvement. En attendant, l'Amérique, grâce aux efforts de MM. Browne et Brokaw, s'emploie à former des patineurs dans le style international.

Comme nous l'avons dit, l'érection de nouvelles patinoires artificielles ne pourra que puissamment contribuer au développement du patinage artistique et permettra à chaque nation de se faire représenter dans les concours internationaux, de plus en plus nombreux et disputés.

NOTIONS GÉNÉRALES

L'équipement. — La première nécessité pour un patineur est de s'équiper comme il convient (pl. I).

Le débutant commet souvent la regrettable et coûteuse erreur d'acheter des patins et des bottines bon marché, erreur qu'il ne tarde pas à reconnaître en faisant une nouvelle acquisition, cette fois-ci, d'un équipement sérieux, d'où dépense double.

Chaussure. — La *chaussure* de patinage parfaite doit sortir de chez un spécialiste. De forme droite et jamais, même légèrement, américaine, en veau noir épais, elle sera *sans coutures* à l'endroit où doit porter l'effort, principalement au talon et sur le contrepied. En effet, la chaussure de ville ordinaire comporte des coutures à ces endroits, coutures qui craquent régulièrement après quelque temps d'usage.

Donc pas de couture à l'endroit de l'effort, des talons moyens pour éviter, surtout chez les dames, une fausse position du pied; une semelle un peu forte, pour que les vis du patin prennent bien et ne blessent pas le pied. Cette chaussure sera à lacets. Il est préférable de prendre un cuir un peu gras qui absorbera moins l'humidité et sera plus souple.

La languette de cette bottine sera garnie d'un feutre épais; on pourra y adjoindre un coussinet mobile destiné à empêcher les cloques produites par le serrage des lacets.

A ce propos, il est préférable de toujours se chausser soi-même. On obtient sûrement, de la sorte, le degré de serrage qui convient le mieux à chacun. Ne prenez pas l'habitude de vous sangler les pieds ; cela amène la congestion et partant la fatigue, et enlève de la souplesse à l'articulation du pied et de la cheville. Portez de préférence des chaussettes ou des bas épais.

Patin. — En ce qui concerne le *patin*, il est absolument indispensable qu'il soit *vissé* à la chaussure, et non fixé par un système d'attache mobile quelconque. Ce dernier système ne donne aucune sûreté et produit des torsions fâcheuses de la cheville chez les débutants.

Pour le patinage artistique, un modèle de patin s'impose : c'est le patin suédois à lame recourbée à l'avant, et fait d'une seule pièce, dont le modèle a été établi par Salchow, qui réussit l'unique exploit de remporter dix fois le championnat du monde de figures.

Les progrès énormes effectués par les patineurs parisiens depuis l'introduction de ce patin en France sont assez éloquents pour éviter d'insister sur l'excellence de sa conception. La courbure de l'avant de la lame a pour but de faciliter la sortie des figures en dedans ainsi que celle des boucles.

Ces patins sont chers et délicats ; c'est pourquoi il faut en avoir grand soin, et ne jamais marcher avec sur la terre, sans les munir d'une gaine en cuir ou en bois. Après usage, ils doivent être essuyés et graissés soigneusement pour éviter la rouille.

Le patin doit être vissé à la chaussure de façon que son axe se trouve à l'intérieur de l'axe de cette chaussure (pl. II).

Cela fait comprendre pourquoi il faut que l'axe passant par la pointe et le talon de la chaussure soit presque droit. Dans la chaussure de forme américaine, cet axe est complètement en biais de l'axe même du pied.

Costume. — Dans les établissements fermés, en général le patineur n'adopte pas une tenue spéciale pour se livrer à un sport aussi échauffant et violent, ce qui constitue un véritable paradoxe, car l'on ne saurait concevoir un athlète pratiquant en costume de ville la course à pied, le football, le tennis ou l'aviron.

Rationnellement il faudrait adopter la culotte courte et le chandail en laine ou, mieux encore, la tenue adoptée dans les concours internationaux, dolman en drap noir et collant de jambes, qui laisse aux mouvements leur maximum d'aisance. C'est une réforme qui se fera à la longue. L'important est donc de pouvoir se changer après l'exercice. Pour les dames, la jupe *ample* et *courte* au-dessus de la cheville s'impose. La jupe en drap est préférable à la jupe de velours qui offre l'inconvénient de se *frapper*, en cas de chute, et de s'accrocher aux jambes du patineur lorsqu'on patine à deux. Il est prudent pour les dames de combattre le froid au ventre par le port d'une élégante culotte en satin doublée de flanelle.

En concours, la tenue universellement employée et décrite plus haut offre l'avantage de donner une entière liberté de mouvements et de bien détacher la silhouette générale du patineur sur la blancheur de la glace.

Les précautions. — Après avoir patiné, couvrez-vous bien et, si cela est possible, changez de linge et de vêtements.

Douche et frictions ne peuvent être que salutaires.

Si vous patinez en plein air, évitez les lacs souvent dangereux, sauf dans les pays de grande altitude. En cas de bris de la glace, efforcez-vous d'occuper le plus de superficie possible, afin de répartir le poids. Étendez les bras, si vous êtes tombé dans un trou, et agitez les jambes sans arrêt dans l'eau. Si vous arrivez seul à vous dégager, rampez sur la glace jusqu'à ce que vous soyez hors de danger. Faites une violente réaction aussitôt après.

Les chutes. — Tomber, pour un patineur exercé, est un fait banal et de peu d'importance, car il aura appris à choir sans grand mal.

Pour le débutant, la chute est généralement mauvaise et parfois dangereuse. La plupart des accidents arrivent à des débutants qui, tentant de se rattraper, tombent lourdement et à faux.

Pour bien tomber, il faut se laisser tomber sans raidir les membres; arrondir le dos, afin de basculer dessus et de ne pas tomber droit sur la tête.

Le corps en boule, se laisser tomber sur le côté de préférence ou sur les mains en souplesse en avant. Éviter la chute directe sur la tête en arrière ou sur les genoux en avant.

Plus on ira vite, moins la chute sera dangereuse, car on glissera sans se faire grand mal.

BOTTINE DE PATINEUR ET PATIN VU DE PROFIL.

COSTUME DE PATINAGE ADOPTÉ POUR LES CONCOURS.

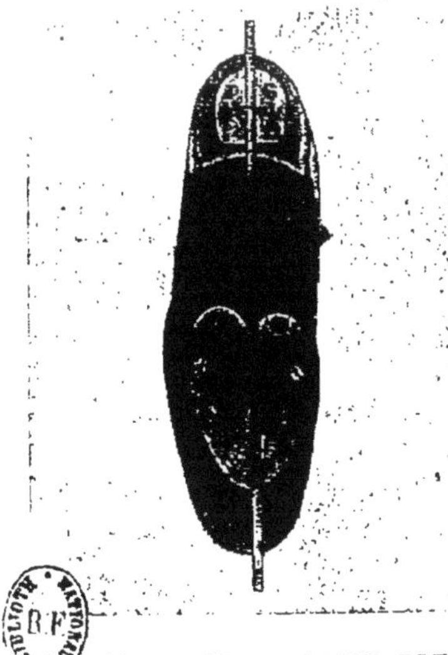

FAÇON DONT LA LAME EST POSÉE A L'INTÉRIEUR DE L'AXE DE LA CHAUSSURE.

La mauvaise chute est de tomber étant arrêté, car on reste sur place au lieu de glisser.

Ne pas se désespérer après des chutes répétées; il faut tomber pour bien posséder les notions de l'équilibre. Les champions tombent aussi en essayant des mouvements difficiles; il n'y a donc pas de honte, pour les débutants, à faire de même.

Les débuts. — La première condition pour réussir à se tenir en équilibre, c'est de *ne pas avoir peur.*

L'exemple des audacieux, qui se lancent avec un toupet imperturbable et qui réussissent rapidement à trouver l'équilibre, est là pour prouver que la peur de la chute est la plus grande ennemie des progrès.

En débutant jeune, on est plus audacieux et l'on ignore la crainte du ridicule.

Ce n'est pas une raison pour ne pas débuter à tout âge.

Pour les enfants, il faut éviter de les laisser patiner avant six ans, afin de permettre aux os de prendre assez de consistance pour ne pas se déformer.

Surtout ne pas se laisser influencer par les insuccès du début; il faut avoir la volonté d'arriver et persévérer dans les efforts.

C'est souvent au moment où l'on est désespéré que tout à coup on comprendra que la modification de telle ou telle tenue est utile, et aussitôt on en ressentira les bienfaits.

En concours, les débuts sont intimidants à cause du manque d'expérience. C'est pourquoi il est bon de saisir l'occasion des concours faciles pour s'entraîner contre le trac, avant d'affronter des épreuves plus redoutables. Il faut donc suivre sans fausse honte la gamme des concours de novices et de juniors avant de s'engager dans les concours de seniors et les championnats.

L'entraînement. — Ce qui suit regarde spécialement les patineurs prenant part à des concours ou à des examens de figures.

Que les muscles soient fatigués ou non avant un concours, il est préférable d'activer la circulation du sang par une friction de tout le corps avec l'*embrocation.*

Pour les concours de figures libres, cela est particulièrement utile, parce que le patineur entre en piste avec des muscles déjà chauds et se trouve de suite en action.

Éviter le surentraînement la veille du concours, erreur assez répandue parmi les novices.

Patiner très peu ce jour-là et manger légèrement avant le concours.

Dans les figures imposées, en attendant son tour de passer, il faut exécuter plusieurs fois de suite la figure à présenter.

Juste avant le moment d'entrer en piste pour le patinage libre, absorber quelques gorgées de citron pressé dans de l'eau ; cela combattra la soif et la contraction possible de la gorge, toutes choses capables de troubler le patineur et de lui enlever du souffle.

Il semble inutile de dire qu'il faut éviter l'alcool et le tabac à l'approche du concours et faire tout ce qui est susceptible d'améliorer le souffle.

PRINCIPES ÉLÉMENTAIRES

Il y a quatre principes élémentaires du patinage, que nous appellerons les *figures fondamentales*, et qui sont : *dehors en avant, dehors en arrière, dedans en avant, dedans en arrière.*

Elles servent de base à toutes les combinaisons possibles de figures.

Elles s'exécutent sur chacune des carres du patin. La *carre* est l'angle que forme l'intersection des plans verticaux et horizontaux de la lame et qui en constitue le tranchant. Il y a deux carres : la carre externe, sur laquelle s'exécutent les dehors, et la carre interne, dont l'usage produit les dedans.

Sauf pour les premiers pas, on ne patine jamais sur la partie médiane du patin située entre les deux carres.

Premiers pas. — De préférence, débuter seul ; mais, si l'on est trop craintif, se faire accompagner par un professeur ou un ami, qui se tiendra à côté du débutant, sans le soutenir. C'est une fâcheuse habitude que de se cramponner à quelqu'un, car on éprouve ensuite plus de peine à aller seul.

Se méfier de la descente sur la glace, car le premier pas se traduit souvent par une chute en arrière.

Partir étant bien arrêté, les deux pieds tournés en dehors et sur le plat du patin, afin d'éviter le glissement. Il faut, en effet, *marcher* sur la glace avant de *glisser*. Lever un pied après l'autre, absolument comme si on cherchait à monter un escalier dont les marches seraient basses et rapprochées.

Pour contre-balancer la tendance que l'on a à se laisser choir en arrière, pencher le corps en avant, sans regarder les pieds. Plier les genoux à chaque pas, et éviter surtout de glisser, ce qui amènerait bientôt la chute.

Les pieds rapprochés, effectuer de petits pas, sans hâte, et en portant chaque fois le poids du corps sur la jambe employée.

Si l'on n'est pas d'une raideur excessive, on parviendra à posséder l'équilibre au bout de deux ou trois séances, et l'on pourra s'exercer à glisser.

Glissade. — Au lieu de placer le pied en dehors, et sur le plat du patin comme auparavant, il faut le poser droit, et sur la carre externe.

La première impulsion sera donnée par le pied gauche placé de travers sur la carre interne, et servant de point d'appui pendant que l'on poussera sur le pied droit en fléchissant le genou et en portant le corps en avant.

A fin d'élan, ramener le pied gauche à côté du pied droit et le poser à son tour sur la glace.

Garder toujours les pieds rapprochés, de façon à rattraper l'équilibre, en cas de besoin, en posant le pied libre à terre.

Commencer par de courtes glissades que l'on rendra progressivement plus longues.

Arrêt. — Apprendre à s'arrêter dès que l'on saura un peu glisser. Sans se presser, écarter les deux talons vers l'extérieur et sur la carre interne, de façon que les pointes du pied se rapprochent, en appuyant fortement sur les jambes et le corps reporté en avant.

C'est tout à fait le principe du freinage en chasse-neige pratiqué par les skieurs; c'est un arrêt progressif, mais suffisant pour le débutant.

Pour le patineur plus exercé, il en existe de plus efficaces.

L'arrêt sur un seul pied se fait en plaçant par un dérapage brusque le pied employé en travers sur la carre externe et en se penchant en arrière. Il s'ensuit une tendance à tomber en arrière qu'on corrige au bon moment, en plaçant la pointe du patin du pied libre en arrière sur la glace.

Cet arrêt peut rendre de grands services en cas de surprise, mais se trouve moins instantané et un peu moins efficace que le suivant.

Celui-ci consiste à poser d'un seul coup les deux pieds à la fois sur la glace, presque sur la même ligne, nettement en travers de la direction prise, un pied sur la carre interne, l'autre sur la carre externe, en fléchissant fortement les genoux et en penchant le corps très en arrière. Quelle que soit l'allure à laquelle on marche, il sera possible d'exécuter cet arrêt exactement à la place désirée.

Les deux carres pénétrant ensemble dans la glace, il ne se produit aucun dérapage.

La force acquise produira un léger rebondissement du corps que l'on corrigera en reportant l'un des pieds en arrière.

Manège. — Le procédé appelé le *manège* est destiné à habituer aux virages ainsi qu'à demeurer sur les carres externe et interne.

Pour cela, on tourne en rond, en croisant les pieds l'un par-dessus l'autre.

Partir sur une glissade à gauche sur la carre externe, en penchant le corps à l'intérieur de la courbe à effectuer; passer le pied droit par-dessus le pied gauche sur la carre interne; enlever le pied gauche de la glace et replacer ce pied comme avant, à la hauteur du pied droit, puis recommencer à passer le droit, en le croisant par-dessus le gauche, et ainsi de suite, jusqu'au cercle complet.

Faire le même mouvement, en partant sur la droite, puis ensuite en arrière.

Serpentine. — La serpentine a pour but d'apprendre à passer aisément sans interruption d'une carre à l'autre, et permet de faire des sinuosités.

Le plus sûr moyen de réussir est de la pratiquer d'abord sur les deux pieds à la fois. Il sera nécessaire de bien plier les genoux à chaque changement de carre.

Partir lentement, le pied gauche sur la carre externe, le pied droit parallèle sur la carre interne.

En fléchissant les genoux et en portant l'épaule gauche vers la droite, on se dirigera à droite. Fléchir de nouveau les genoux et porter l'épaule droite vers la gauche en basculant sur les carres de façon à ce qu'elles se trouvent dans la position indiquée pour le départ, ce qui portera à gauche et ainsi de suite. Essayer le même mouvement en arrière.

FIGURES FONDAMENTALES

Dehors. — Les dehors sont des courbes exécutées sur les carres externes.

Ils présentent la forme de demi-cercles en sens inverse l'un de l'autre. C'est, en somme, la glissade prolongée.

D'une poussée du pied gauche placé en travers sur la carre interne, se lancer sur la carre externe du pied droit, l'épaule droite un peu en avant, le poids du corps se portant en avant sur la jambe droite; fléchir fortement, le bras droit en avant dans la direction à suivre, la jambe gauche en arrière du corps et à une faible hauteur au-dessus de la glace. Peu après le départ, tourner les épaules, en passant en avant l'épaule gauche, en effaçant en arrière la droite.

En même temps que le mouvement des épaules, faire passer le pied gauche en avant, en le croisant par-dessus le droit, ce qui le ramène dans la position nécessaire pour repartir sur le pied gauche, en répétant toutes les mêmes phases du mouvement.

Peu à peu, allonger le dehors, en décomposant bien le mouvement des épaules et de la jambe libre. Ensuite, s'évertuer à faire le rond complet.

Dedans en avant. — Contrairement au précédent mouvement, le dedans se fait sur la carre interne et avec l'épaule *inverse* au pied employé en avant.

Prenant appui sur le pied gauche, de même que précédemment, partir sur la carre interne du pied droit, l'épaule *gauche* en avant et la droite en arrière, le pied gauche en arrière, passer progressivement l'épaule *droite* en avant et le pied gauche en avant, de façon à être en position pour reprendre sur le pied gauche, avec l'épaule droite en avant.

Marche arrière. — Avant de passer à l'étude du dehors en arrière, s'attaquer à la marche arrière, en tenant compte pour cela des mouvements de la marche en avant et en pratiquant la serpentine en arrière.

Les deux pieds côte à côte, le droit sur la carre interne, le gauche sur la carre externe, tourner épaules et hanches suivant les principes de la serpentine en avant.

Peu à peu, on soulèvera le pied placé sur la carre interne, ce qui habituera à rester sur le dehors. Pratiquer également le manège en arrière, en faisant un dehors arrière sur le pied droit, en croisant le pied gauche par-dessus, et le posant sur la glace sur la carre interne, en fléchissant bien la jambe et en retirant le pied droit de la glace, pour le reposer ensuite à côté du gauche, et recommencer le croisement.

Dehors arrière. — Prendre appui sur la carre interne du pied gauche, partir en arrière sur la carre externe du pied droit, en ayant l'épaule droite le plus effacée possible en arrière, l'épaule gauche se trouvant en avant, ainsi que le pied gauche croisé par-dessus le droit.

Tourner progressivement l'épaule gauche en arrière, en même temps que l'on ramènera le pied gauche en arrière.

Sur le pied gauche, on exécutera le même mouvement, en intervertissant les termes.

Dedans arrière. — Très difficile, mais indispensable, ce mouvement est l'un des plus ingrats du patinage.

Comme pour le départ sur le dehors arrière, il faut prendre son appui très fortement sur la carre interne du pied gauche. On efface l'épaule *gauche* en arrière, en gardant la droite en avant, la tête regardant en arrière, par-dessus l'épaule droite.

Partir en arrière, sur la carre interne du pied droit, le pied gauche en avant.

Tourner progressivement la tête à l'intérieur du cercle, en ramenant l'épaule droite et le pied gauche en arrière, l'épaule gauche en avant.

Ces quatre principes fondamentaux s'exécuteront en demi-cercles d'abord, ensuite en cercles complets appelés *huit* et dont nous donnerons plus loin (p. 29) la description.

Les croisés. — Le meilleur exercice pour les mouvements d'épaules consiste dans les croisés, parce qu'ils obligent le patineur à faire tourner complètement ses épaules autour du torse.

Partir dans la position d'un dehors du pied droit, et, à la fin du dehors, forcer en avant la position de l'épaule gauche, en croisant le pied gauche par-dessus le droit, dont on fléchira fortement le genou. On se trouvera alors sur la position de départ du dehors du pied gauche, et dès qu'on aura pris sur ce pied le point d'appui, on retirera le pied droit de la glace et on recommencera le mouvement sur la gauche.

La taille et le buste doivent suivre le pivotement des épaules.

Cet exercice, très efficace en avant, l'est encore davantage sur les croisés arrière.

Partir sur un dehors arrière droit et, sur la fin, forcer l'épaule gauche en arrière et passer le pied gauche derrière le droit, jusqu'à ce qu'il vienne en contact sur la glace sur la carre externe, dans la position du dehors arrière gauche, et recommencer le pivotement des épaules en sens inverse.

Le trois. — La dernière figure fondamentale est le trois, et il faut s'y exercer avant de commencer l'étude des figures d'école.

Le trois est un pivotement de la carre externe en avant sur la carre interne en arrière, dans la même direction.

En exécutant ce mouvement d'abord sur les deux pieds à la fois, on arrivera à un meilleur résultat.

Il faut donc partir en même temps sur un dehors avant du pied droit et sur un dedans avant du pied gauche, l'épaule gauche en arrière, l'épaule droite en avant. Ramener progressivement, mais avant d'attaquer le trois, l'épaule gauche en avant et la droite en arrière; fléchir les genoux, et passer d'un seul coup sur la carre externe du pied gauche et la carre interne du pied droit.

Peu à peu on s'habituera à enlever le pied gauche de la glace pour exécuter le trois sur un seul pied.

LE VIENNOIS MAX BOHATSCH,
L'UN DES PLUS CÉLÈBRES VIRTUOSES DU PATINAGE LIBRE.

LE SUÉDOIS GRENANDER
DANS SA SPIRALE EN DEDANS ARRIÈRE.

LE VIENNOIS HUGEL, DANS SA
SPIRALE D'ENTRÉE EN DEDANS AVANT.

FIGURES D'ÉCOLE

On appelle figures d'école ou figures imposées les 41 schémas choisis par l'*Union internationale de Patinage,* et parmi lesquels sont choisis tous les programmes des concours de figures.

Ces schémas portent des numéros et sont souvent suivis des lettres *a* et *b*, *a* indiquant le départ de la figure sur le pied droit, et *b* le départ de la figure sur le pied gauche.

Ces figures ont été dotées de coefficients fixes de difficulté, variant de 0 à 5, et par lesquels on multiplie les notes attribuées par le jury pour chaque figure. Ces coefficients sont proportionnés à la difficulté de la figure.

On lira plus loin les principes internationaux d'après lesquels on doit exécuter ces figures.

Abréviations. — Il est d'usage, pour abréger la description de ces figures, de les désigner par des abréviations que nous donnerons en français, anglais et allemand, afin de permettre la lecture de n'importe quel programme de concours international. (Voir tableau page ci-contre.)

Ces abréviations sont purement conventionnelles et il faut prendre soin de ne pas confondre les lettres suivant qu'elles sont majuscules ou minuscules. Par exemple, *d* minuscule signifie « droit » alors que D majuscule veut dire « dedans ».

De même, *r* minuscule s'applique à « arrière » et R majuscule à « rocker ».

APPELLATIONS			ABRÉVIATIONS		
FRANÇAIS	ANGLAIS	ALLEMAND	FRANÇAIS	ANGLAIS	ALLEMAND
Droit	Right	Rechts	d	R	R
Gauche	Left	Links	g	L	L
Avant	Forward	Vorwärts	v	f	v
Arrière	Backward	Rückwärts	r	b	r
Dehors	Outside	Auswärts	H	o	a
Dedans	Inside	Einwärts	D	i	e
Trois	Three	Dreier	T	T	D
Boucle	Loop	Schlinge	B	LP	S
Bracket	Bracket	Gegendreier	BK	B	GD
Rocker	Rocker	Wende	R	RK	W
Contre-Rocking	Counter	Gegenwende	C	C	GW

Il ne faut qu'un peu de pratique pour se familiariser avec ces abréviations qui diffèrent selon la langue française, anglaise ou allemande. Il faut également noter que les lettres *a* et *b* qui suivent les numéros des figures ont la signification suivante :

a) départ sur le pied droit.
b) départ sur le pied gauche.

Les règles du style international. — Avant de passer à l'étude des figures d'école, il nous paraît indispensable d'extraire des Règlements de l'*Union internationale de Patinage* les articles se rapportant à la façon dont doivent être exécutées ces figures, c'est-à-dire les bases mêmes de ce qu'on appelle le style international ou *continental*, par opposition au *style anglais*.

Ces indications sont des principes généraux qui laissent cependant place à l'originalité et à la personnalité du patineur, qui conformera son propre style à ses propres capacités.

ART. 64. — Toute figure imposée doit être commencée « départ arrêté » en se poussant une seule fois avec le pied non employé et à l'intersection du huit.

Le changement de pied se fait sans arrêt, en remplaçant le pied employé par le pied non employé.

Chaque figure doit se répéter 3 fois sur chaque pied et sans pause.

ART. 65. — L'exécution de chaque figure imposée reçoit une note variant de 0 à 6 avec la valeur suivante : 0 = pas exécuté; 2 = passable; 4 = bien; 6 = parfait; 1, 3 et 5 sont intermédiaires, ainsi que les demi-points et quarts de points, qui peuvent être accordés.

En assignant les points, les juges devront envisager :

1° La correction de la marque sur la glace;

2° Le maintien et l'ensemble du mouvement;

3° La dimension de la figure;

4° La superposition approximative des marques dans la triple répétition de la figure.

L'importance de ces 4 points est en raison directe de l'ordre de leur énumération.

ART. 66. — Comme règles de la correction des marques sur la glace, il faut tenir compte de :

1° Maintien des axes en longueur et transversaux dans la triple répétition. L'axe en longueur du huit est une ligne passant longitudinalement à travers le milieu du huit et séparant en deux parties égales la courbe droite et la courbe gauche; l'axe transversal forme angle droit avec l'axe longitudinal au milieu du huit;

2° Égalité approximative des côtés de la première et de la seconde moitié du huit, divisées par l'axe transversal;

3° Groupement symétrique des différentes parties de la figure par rapport aux axes;

4° Courbes sans sinuosités, dont le retour se rapproche le plus près possible du point de départ;

5° Trois dont la pointe est placée sur l'axe longitudinal, et la seconde courbe égale à la première;

6° Double Trois, dont la courbe médiane est coupée à angle droit par l'axe longitudinal et les trois courbes presque de la même grandeur;

7° Boucles plus longues que larges, sans angles aigus, dont l'axe longitudinal est le même que celui du huit et la seconde courbe égale à la première;

8° Changement de carre, avec une transition facile, le changement tombant dans l'axe longitudinal; pour tracer un huit complet, le changement de carre doit revenir presque au point de départ de la première courbe, la seconde courbe retournant au même point environ de même dimension l'une et l'autre;

9° Rockers et contre-Rockings, sans changement de carre, le bec près de l'axe;

10° Brackets sans changement de carre avant et après le bec placé sur l'axe, les deux courbes presque égales.

Art. 67. — Il faut envisager comme règles, pour la correction du maintien et du mouvement dans l'exécution des figures imposées (dans ces règles, la personnalité du patineur aura libre jeu et méritera toute l'attention du jury) :

Tenue droite, sans flexion aux hanches, mais sans raideur; ne plier fortement le genou ou le corps que momentanément; garder la tête droite; tenir le pied libre à peu de distance de la glace, sans le laisser traîner derrière, la pointe du patin tournée en bas et en dedans, le genou légèrement plié, généralement en arrière du pied employé, l'autre jambe se balançant librement et aidant le mouvement, mais sans s'écarter trop; les bras ballants avec aisance; comme avec le pied libre, on peut se servir des bras pour aider par leur mouvement, mais sans écarter le coude ou la main loin du corps; les mains, autant que possible, jamais au-dessus de la taille; les doigts ni écartés ni collés; en général, éviter dans les mouvements toute brusquerie, sécheresse ou raideur; ne pas laisser voir l'effort, et donner toujours l'impression que la figure a été exécutée avec aisance.

Afin d'éviter des répétitions fastidieuses, nous ne donnerons que la technique des mouvements en *a* sur le pied droit.

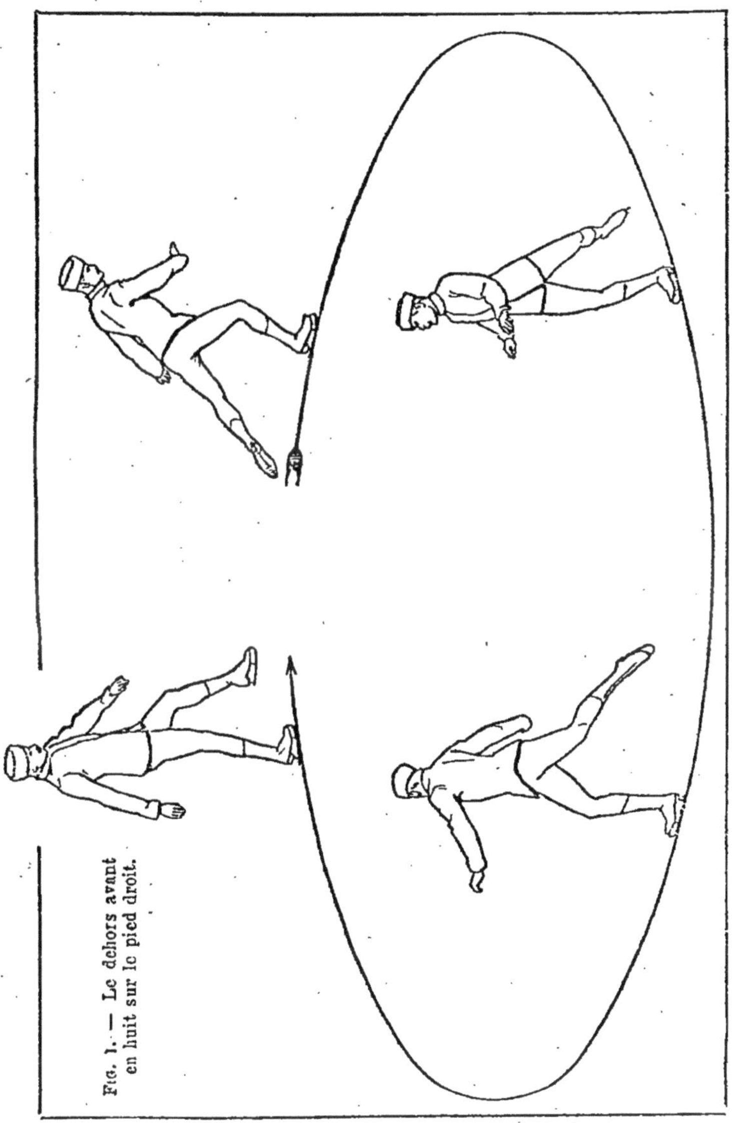

Fig. 1. — Le dehors avant en huit sur le pied droit.

Pour les mouvements en *b* sur le pied gauche, il suffira d'inverser les termes :

Huit.

1	*Hvd*	—	*Hvg*................	*1* (1)
2	*Dvd*	—	*Dvg*................	*1*
3	*Hrd*	—	*Hrg*................	*1*
4	*Drd*	—	*Drg*................	*2*

1. *Dehors avant droit*. Reprise. *Dehors avant gauche*. — Prendre l'équilibre sur la carre interne du pied gauche, et partir franchement sur la carre externe du pied droit, la tête dans la direction du mouvement, l'épaule droite forcée en avant, le bras droit étendu et semblant désigner la route à suivre, l'épaule gauche et le pied gauche en arrière. Conserver cette position forcée jusque vers la fin du cercle où l'on ramènera en avant épaule et pied gauche, la pointe du pied en bas et dirigée vers l'extérieur. Il est indispensable d'apprendre à conserver la position forcée de l'épaule par rapport au corps, afin de revenir le plus près possible du départ (*fig.* 1). Si, en effet, l'épaule gauche se met à tourner dès la moitié du cercle, l'arrivée se fera à près d'un mètre à l'intérieur de la trace du départ; et c'est ce qu'il ne faut pas.

Étant revenu au point de départ, il faudra pencher le corps en avant et repartir sur la carre externe du pied gauche, et ainsi de suite. Il faut chercher à égaliser les dimensions de chaque cercle et à en superposer les traces autant que possible.

2. *Dedans avant droit*. Reprise. *Dedans avant gauche*.— Prendre l'équilibre comme précédemment sur le pied gauche et partir sur la carre interne du pied droit, le genou toujours fléchi, mais avec *l'épaule contraire*, c'est-à-dire *l'épaule gauche en avant, la droite en arrière*, le pied gauche en arrière (*fig.* 2).

Conserver cette position jusque vers la fin du cercle, toujours dans le but de revenir au point de départ, et passer alors l'épaule *droite* en avant, cependant que la gauche repasse en arrière. Passer également le pied gauche en avant. On se trouve alors en position pour repartir sur la carre interne du pied droit, l'épaule contraire au pied employé se trouvant de suite à sa place.

(1) Ces chiffres représentent les coefficients de difficulté.

C'est la raison pour laquelle il ne faut tenir aucun compte de la théorie qui préconise d'avoir en avant l'épaule *correspondante* et non *contraire* au pied employé.

Dans cette méthode, on finit le cercle avec l'épaule contraire en avant et, par suite, pour exécuter la reprise il faut

Fig. 2. — Le dedans avant en huit sur le pied droit.

faire pivoter tout le buste, afin que l'épaule gauche se trouve en avant pour le départ sur le pied gauche. C'est une vieille théorie qui n'est bonne qu'à aller rejoindre les vieilles lunes.

3. *Dehors arrière droit*. Reprise. *Dehors arrière gauche*. — Toujours appuyé sur la carre interne du pied gauche, *l'épaule droite forcée en arrière* dans la direction de l'intérieur du

cercle à tracer, la tête tournée en arrière à droite, partir franchement en arrière en fléchissant bien la jambe sur la carre externe du pied droit, et croiser aussitôt le pied gauche par-dessus le droit (*fig.* 3). Garder aussi longtemps que possible cette position forcée et, vers le milieu du cercle, ramener l'épaule gauche ainsi que la tête en arrière, et le plus tard possible la jambe gauche en arrière, et cela assez rapidement pour que ce déplacement de la jambe redonne de l'élan (*fig.* 4).

FIG. 3. — Position du départ sur le dehors arrière gauche.

Pour reprendre sur le pied gauche pendant que l'on est encore sur le droit, *balancer légèrement le pied gauche en avant et en le ramenant en arrière,* placer ce pied sur la carre externe du pied *gauche* et partir suivant les mêmes principes pour le dehors en arrière du pied gauche.

4. *Dedans arrière droit.* Reprise. *Dedans arrière gauche.* — Être en équilibre sur la carre interne du pied gauche, l'épaule gauche forcée en arrière par rapport à la droite, les deux bras se trouvant à gauche du corps, *la tête à gauche,* la jambe droite fortement croisée derrière la gauche, telle est la position nécessaire à précéder le départ sur la carre interne du pied droit.

D'un seul coup, porter : 1° la tête en arrière à droite; 2° l'épaule droite en arrière; 3° les deux bras en arrière à droite; 4° le pied droit vers la droite formant avec le gauche un angle droit sur la carre interne; 5° le pied gauche croisé en avant par-dessus le droit (*fig.* 5).

Il est à remarquer que ces cinq mouvements s'exécuteront en même temps et donneront l'élan nécessaire.

La position *partie* (par contraste avec la position de départ) sera conservée jusque vers le milieu du cercle : 1° où l'on passera le pied gauche en arrière le plus loin possible de la glace (le passage aura lieu le plus près possible du pied employé); 2° l'épaule gauche en arrière; 3° la tête en arrière à l'intérieur du cercle que l'on terminera de la sorte.

Tout à fait sûr la fin, on croisera fortement la jambe

LA POSITION DU DEHORS AVANT EXÉCUTÉE
PAR Mlle NORDSVEEN, DE CHRISTIANIA.

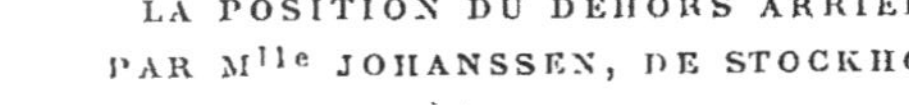

LA POSITION DU DEHORS ARRIÈRE,
PAR Mlle JOHANSSEN, DE STOCKHOLM.

LA POSITION DU DEDANS AVANT,
PAR M. MAGNUS.

LA POSITION DU DEDANS ARRIÈRE,
PAR GUSTAVE HUGEL.

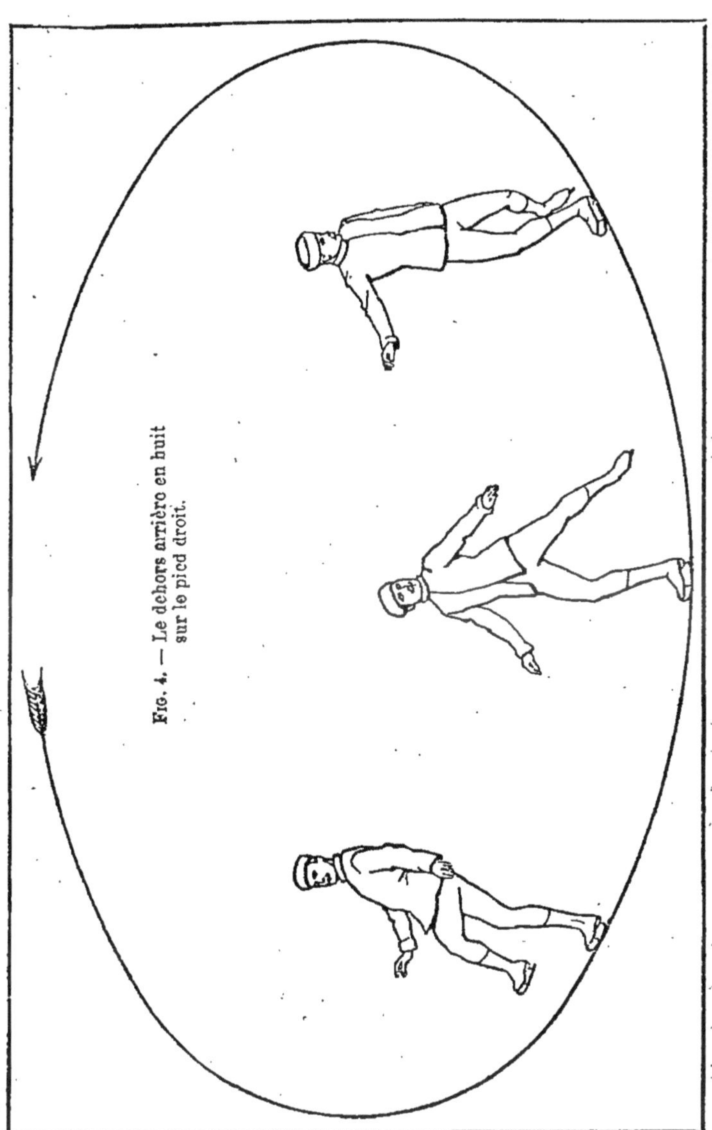

Fig. 4. — Le dehors arrière en huit sur le pied droit.

Fig. 5. — Le dedans arrière en huit sur le pied droit.

gauche derrière la droite que l'on pliera très fortement, de façon qu'elle forme un puissant ressort pour se rejeter (exactement comme dans le départ arrêté) sur la carre externe du pied gauche. Ce procédé sera à retenir et à appliquer dans tous les mouvements se terminant sur le dedans.

Ces quatre départs sur le dehors, avant et arrière, le dedans avant et arrière, seront identiques à de rares exceptions pour presque toutes les figures. Nous ne les répéterons donc pas pour les autres figures.

Changement de carre.

5 a	*HDvd* — *DHvg*	....	1
b	*HDvg* — *DHvd*	....	1
6 a	*HDrd* — *DHrg*	....	2
b	*HDrg* — *DHrd*	....	2

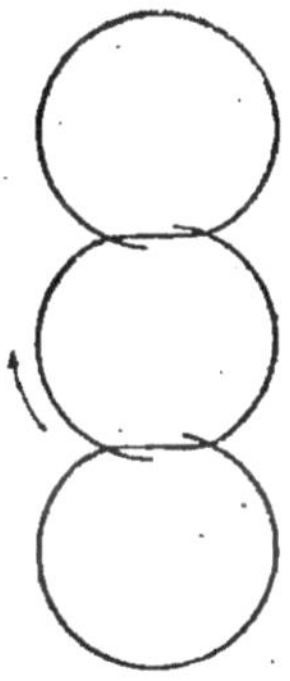

5. *Dehors dedans avant droit.* Reprise.-*Dedans dehors avant gauche.* — Le départ se fait comme pour le dehors avant, avec la différence toutefois que l'attaque de la glace par le patin doit être non plus parallèle au point d'appui, mais former un angle avec celui-ci. En voici la raison. Si le pied employé est parallèle, on sera déporté franchement vers la gauche, et la première demi-courbe sera de beaucoup supérieure aux autres courbes, ce qu'il faut éviter. En écartant légèrement la pointe du pied vers l'intérieur de la courbe, celle-ci sera moins prononcée et aura ainsi plus de chances de se rapprocher de la dimension des deux autres.

Il faut éviter également, dans le même but, de prendre trop d'élan au départ. Tout l'élan doit être pris sur le changement de carre lui-même.

Il faut donc partir dans la position modifiée du dehors avant droit, effectuer la première demi-courbe, et à cet endroit, sur l'axe même de la figure, faire le changement de carre (*fig.* 6) :

1° En ramenant en avant l'épaule gauche;

2° En passant en avant d'un seul coup et aussi loin que possible la jambe gauche (comme si on voulait donner un coup de pied);

3° Ramener ensuite rapidement le pied en arrière tout en conservant l'épaule gauche en avant (position du départ du dedans avant droit) et en basculant le patin de la carre

Fig. 6. — Le changement de carre du dehors au dedans avant sur le pied droit.

externe sur la carre interne, le genou très fléchi pendant la durée du mouvement ;

4° Vers le milieu du cercle, changer la position comme pour terminer le dedans avant droit.

Faire la reprise sur le dedans avant gauche suivant les principes ordinaires : 1° mais en ramenant presque dès le

Fig. 7. — La reprise du changement de carre du dedans au dehors avant sur le pied gauche.

début du second demi-cercle l'épaule droite en arrière d'une façon très forcée; 2° plier *excessivement* le genou; 3° passer le pied droit d'arrière en avant aussi *loin* que possible; 4° en même temps basculer la carre interne sur la carre externe; 5° ramener le pied droit en arrière; 6° conserver l'épaule gauche en avant et terminer le mouvement comme pour le dehors avant gauche (*fig.* 7).

6. *Dehors dedans avant gauche.* Reprise. *Dedans dehors avant*

Fig. 8. — Le changement de carre du dehors au dedans arrière sur le pied droit.

droit. — Pour tous les mouvements en *b*, la technique est la même qu'en *a*. Il suffira de remplacer le terme droit par le gauche.

7. *Dehors dedans arrière droit.* Reprise. *Dedans dehors arrière gauche.* — Partir sur le dehors arrière du pied droit et, au début du cercle, lancer le pied gauche en arrière en même temps que l'épaule gauche, ramener d'un seul coup en avant épaule et pied gauches, en passant sur la carre interne du pied

droit (*fig.* 8) et tourner la tête à droite, pour terminer dans la position du dedans arrière du pied droit. Même reprise que sur le dedans arrière du pied gauche, en croisant fortement le pied droit en arrière du gauche, en penchant le

FIG. 9. — La reprise du changement de carre du dedans au dehors arrière sur le pied gauche.

corps à l'intérieur du cercle, en avançant l'épaule droite, en pliant fortement la jambe (*fig.* 9).

Passer ensuite d'un seul coup sur la carre externe du pied gauche, en croisant le pied droit devant, puis en le ramenant en arrière en même temps que l'épaule droite et la tête à droite, pour terminer sur la position du dehors arrière gauche.

8. *Dehors dedans arrière gauche*. Reprise. *Dedans dehors arrière droit*. — Appliquer la même technique en intervertissant les termes droit par gauche.

Fig. 10. — Le trois du dehors avant au dedans arrière sur le pied droit.

Fig. 11. — Le trois du dedans arrière au dedans avant sur le pied gauche.

LE CHANGEMENT DE CARRE DU DEDANS AU DEHORS ARRIÈRE, PAR G.-H. BROWNE, DE NEW-YORK.

LA BOUCLE SUR LE DEHORS ARRIÈRE, PAR LE SUÉDOIS SALCHOW.

Le trois.

7	*HvdTDr*	—	*HvgTDr*	1
8 a	*HvdTDr*	—	*DrgTHv*	2
b	*HvgTDr*	—	*DrdTHv*	2
9 a	*DrdTHr*	—	*HrgTDv*	1
b	*DrgTHr*	—	*HrdTDv*	1

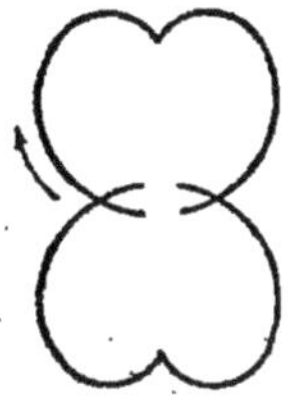

9. *Dehors avant droit, trois, dedans arrière.* Reprise. *Dehors avant gauche, trois, dedans arrière.* — Le départ se fait dans la position du dehors avant droit, avec cette différence que c'est presque aussitôt après le départ *qu'on passe en avant l'épaule gauche en effaçant en arrière la droite,* en gardant le pied gauche en arrière et la tête dans la direction du mouvement (*fig.* 10).

On se trouve ainsi de suite dans la position requise après le pivotement. Ce pivotement du trois sera obtenu en passant la jambe gauche d'arrière en avant, en même temps que l'on passe d'un seul coup sur la carre interne du dedans arrière et que l'on tourne le buste sur les hanches. La tête et les épaules ne bougent qu'imperceptiblement pour se porter vers l'extérieur du mouvement.

En écartant le pied gauche aussi loin que possible en arrière, on obtient l'équilibre et l'élan nécessaires pour terminer le dedans arrière aussi près que possible du point de départ.

La reprise sur le dehors avant gauche se fera en ramenant l'épaule gauche en avant et en plaçant le pied gauche perpendiculairement au droit. On partira alors sur la carre externe du pied gauche en pliant le genou et en portant tout le poids du corps sur ce pied.

Il est indispensable d'apprendre à *placer* les deux becs du trois, de façon à ce qu'ils se trouvent sur l'axe séparant la figure en deux parties égales.

8 *a. Dehors avant droit, trois, dedans arrière.* Reprise. *Dedans arrière gauche, trois, dehors avant.* — Même figure que la précédente, jusqu'à la reprise, qui se fait en partant sur le dedans arrière gauche, dont on conserve la position de départ jusqu'au moment d'exécuter le trois, en forçant cependant l'épaule gauche en arrière (*fig.* 11).

Au moment de pivoter, ramener le pied droit en arrière, et tourner la tête à gauche, puis, par un léger balancement, ramener le pied droit légèrement en avant, puis aussitôt en arrière, passer sur la carre externe du pied gauche, en pivotant sur les hanches, la tête dans la direction du mouvement, et terminer dans la position du dehors avant gauche. Bien attendre pour faire le trois en arrière de se trouver sur l'axe, ce qui est assez difficile à obtenir.

8 *b*. *Dehors avant gauche, trois, dedans arrière*. Reprise. *Dedans arrière droit, trois, dehors avant*. — Même technique que sur le pied droit.

FIG. 12. — Le trois du dedans avant au dehors arrière sur le pied droit.

9 *a*. *Dedans avant droit, trois, dehors arrière*. Reprise. *Dehors arrière droit, trois, dedans avant*. — Départ dans la position du dedans avant droit. On peut, à son gré, mettre en avant l'épaule gauche pendant le début du mouvement ou l'effacer en arrière (*fig*. 12).

Dans le premier cas, on ramènera l'épaule gauche en arrière, avant d'attaquer le trois, en passant sur la carre externe arrière du pied droit. Deux théories se présentent pour la position du pied gauche après le trois. La première consiste à passer de suite le pied en arrière, dans la position de la fin du dehors en arrière. La seconde consiste à garder le pied gauche croisé en avant, par-dessus le droit, et à le passer ensuite par un balancement rapide en arrière, de façon à redonner un nouvel élan, qui permet de terminer le trois plus près du point de départ.

Nous reprocherons au premier système d'être trop saccadé, car il oblige l'épaule gauche à tourner d'un seul coup, et nous donnerons notre préférence au second, beaucoup plus doux, plus gracieux et en même temps plus effectif, parce que le pied gauche et l'épaule gauche tourneront en arrière progressivement.

On fera la reprise sur le dehors arrière du pied gauche, jusqu'au moment du pivotement, où l'on fera passer d'un seul coup l'épaule gauche d'arrière en avant (*fig.* 13), en passant sur la carre interne du dedans avant, cependant que le pied droit exécutera dans l'air une volte autour du genou et de la cheville, dessinant également en l'air la trace d'un trois (*fig.* 14). Ce procédé est gracieux et redonne de l'élan.

Dedans avant gauche, trois, dehors arrière. Reprise. *Dehors arrière droit, trois, dedans avant.* — Même technique que le précédent mouvement.

Le double trois.

10	*Hvd*	*THr*	*TDv*	—	*Hvg*	*TDr*	*THv...*	*1*
11	*Dvd*	*THr*	*TDv*	—	*Dvg*	*THr*	*TDv...*	*1*
12	*Hrd*	*TDv*	*THr*	—	*Hrg*	*TDv*	*THr...*	*1*
13	*Drd*	*THv*	*TDr*	—	*Drg*	*THv*	*TDr...*	*2*

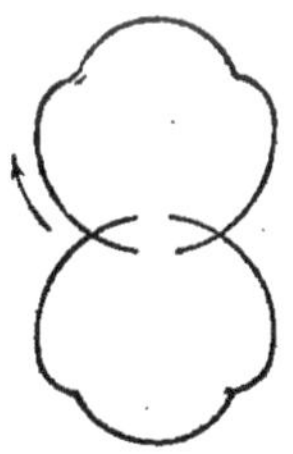

Le double trois consiste à exécuter deux trois, l'un d'avant en arrière, l'autre d'arrière en avant, à égale distance de l'axe de la figure.

C'est la même technique que le trois simple, mais avec quelques divergences de détail que la pratique enseignera mieux que la théorie. Il suffit donc de se reporter à la technique des différents trois simples pour avoir celle des doubles trois.

10. *Dehors avant droit, trois, dehors arrière, trois, dehors avant.* Reprise. *Dehors avant gauche, trois, dedans arrière, trois, dehors avant.*

11. *Dedans avant droit, trois, dehors arrière, trois, dedans avant.* Reprise. *Dedans avant gauche, trois, dehors arrière, trois, dedans avant.*

Fig. 13. — Le trois du dehors arrière, position avant le trois.

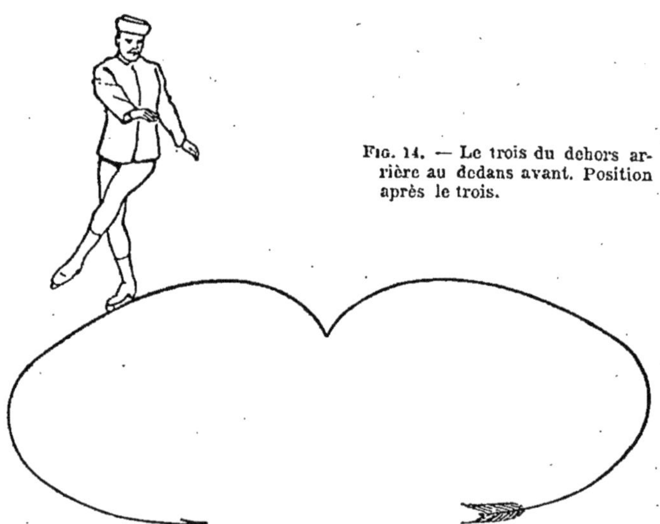

Fig. 14. — Le trois du dehors arrière au dedans avant. Position après le trois.

12. *Dehors arrière droit, trois, dedans avant, trois, dehors arrière.* Reprise. *Dehors arrière gauche, trois, dedans avant, trois, dehors arrière.*

13. *Dedans arrière droit, trois, dehors avant, trois, dedans arrière.* Reprise. *Dedans arrière gauche, trois, dehors avant, trois, dedans arrière.*

Pour chacun de ces doubles trois, il ne faut pas craindre de plier le genou avant et après chaque trois d'une façon excessive.

La boucle.

14	HvdBHv — HvgBHv	....	2
15	DvdBDv — DvgBDv	....	2
16	HrdBHr — HrgBHr	....	2
17	DrdBDr — DrgBDr	....	2

La boucle est une rotation complète du pied et du corps, toujours dans la même direction.

14. *Dehors avant droit, boucle, dehors avant.* Reprise. *Dehors avant gauche, boucle, dehors avant.* — Partir dans la position du dehors avant droit, excepté l'épaule droite qui, au lieu d'être forcée en avant, est forcée en arrière. Bien se pencher à l'intérieur du huit en prenant plus de carre, l'épaule droite en arrière, l'épaule gauche en avant, le pied gauche en arrière. Garder cette position jusqu'à la moitié de la boucle où, pour la pratique, on marquera un léger temps d'arrêt qu'on s'évertuera ensuite à supprimer (*fig.* 15).

Lorsqu'on sera parvenu dans la position indiquée au milieu de la boucle, on changera de position, en fléchissant bien le genou employé, en imprimant à l'épaule gauche un fort mouvement pour la faire tourner encore plus en avant, pendant qu'on reculera encore plus fortement en arrière l'épaule droite.

En même temps que cette détente des deux épaules, on fera passer le pied gauche en avant d'un seul coup, et aussi près que possible du pied employé, puis on l'éloignera aussi loin que l'on pourra pour que la seconde courbe soit égale à la première.

La reprise se fait sur le dehors avant gauche, l'épaule gauche en avant, mais s'effaçant presque aussitôt pour laisser passer la droite en avant.

15. *Dedans avant droit, boucle, dedans avant.* Reprise. *Dedans avant gauche, boucle, dedans avant.* — Contrairement au simple dedans en avant, *ne pas partir l'épaule gauche en avant,*

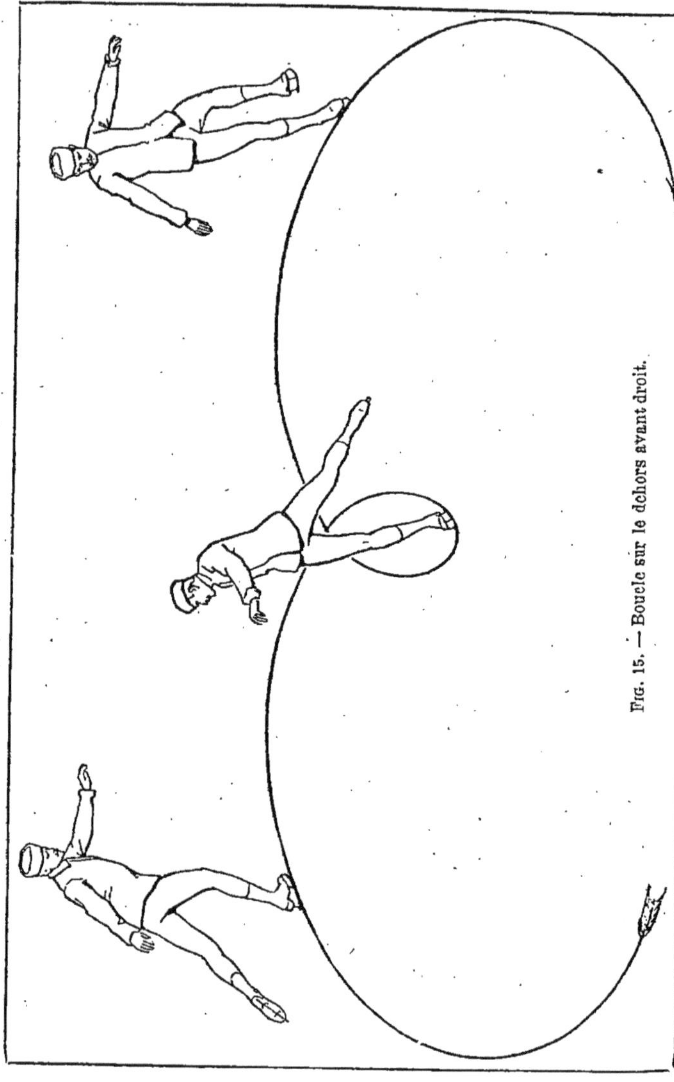

Fig. 15. — Boucle sur le dehors avant droit.

mais l'effacer en arrière et porter la droite en avant, cependant que le pied gauche reste en arrière (*fig.* 16).

Au milieu de la boucle, fléchir fortement le genou, accentuer le mouvement en avant de l'épaule droite et en arrière de l'épaule gauche, passer d'un seul coup en avant, en frôlant le pied employé, le pied gauche qu'on doit avoir eu soin de croiser légèrement derrière le droit, un peu avant de le déplacer.

Après ce passage du pied, terminer comme dans le dedans avant droit.

La reprise se fait sur le dedans avant gauche, mais en reportant tout de suite *en avant* l'épaule gauche qui se trouvait en arrière à la sortie de la précédente boucle.

Cette position, que nous avons indiquée comme néfaste pour le dedans avant ordinaire, parce qu'elle a une forte tendance à faire tourner le corps, est au contraire très à recommander pour l'exécution de la boucle en dedans, où elle aide puissamment la tendance naturelle à pivoter sur soi-même, et qui se trouve être le principe de la boucle.

16. *Dehors arrière droit, boucle, dehors arrière.* Reprise. *Dehors arrière gauche, boucle, dehors arrière.* — Le départ se fait comme pour le dehors arrière. Conserver la jambe gauche en avant ainsi que l'épaule gauche, jusqu'au milieu de la boucle, mais avec une position très accentuée que démontreront mieux la photographie de Salchow et le dessin d'après Panin, au moment de tourner la boucle.

D'un seul coup, on fera tourner fortement les épaules, la tête et même les yeux en arrière. Ce dernier détail a son importance, car la position des yeux contribue à faire tourner davantage la tête et les épaules.

Un peu après ce mouvement des épaules, on lancera la jambe gauche en arrière et aussi loin que possible.

La reprise sur le pied gauche se fera dans les mêmes conditions.

Il ne faut pas se dissimuler que cette boucle arrière est la plus difficile de toutes les boucles, à cause de la position à adopter et qui frôle la chute comme impression.

Le coup de reins joue un grand rôle, ainsi que le fléchissement et la détente de la jambe employée.

17. *Dedans arrière droit, boucle dedans arrière.* Reprise. *Dedans arrière gauche, boucle dedans arrière.* — Partir dans la position du dedans arrière droit, que l'on garde jusqu'au

Fig. 16. — La boucle sur le dedans avant gauche

Fig. 17. — La boucle sur le dehors arrière droit.

LE BRACKET DU DEHORS AVANT (MÉTHODE DE SALCHOW)
PAR HARALD ROOTH, DE STOCKHOLM.

LE ROCKER SUR LE DEHORS.

AVANT LE ROCKER : PANIN, DE MOSCOU. APRÈS LE ROCKER : ULRICH SALCHOW.

milieu de la boucle; tourner alors brusquement les épaules et la tête, en passant la jambe gauche en arrière à la fin de la boucle (*fig.* 18).

Fig. 18. — La boucle sur le dedans arrière droit.

La reprise se fait de façon identique sur le dedans arrière gauche.

Le bracket.

18 a	*HvdBKDr*	—	*DrgBKHv*	3
b	*HvgBKDr*	—	*DrdBKHv*	3
19 a	*DvdBKHr*	—	*HrgBKDv*	3
b	*DvgBKHr*	—	*HrdBKDv*......	3

18 *a*. *Dehors avant droit, bracket, dedans arrière.* Reprise. *Dedans arrière gauche, bracket, dehors avant.* — Il existe deux méthodes pour exécuter le bracket sur le dehors avant.

Le patineur devra donc essayer les deux et adopter celle qui lui conviendra le mieux. Cependant, la seconde, celle de Salchow, est en général adoptée dans les concours internationaux.

Première méthode. — Départ dans la position du dehors avant droit, sans exagération, jusqu'au moment de faire le bracket (*fig.* 19).

A ce moment, balancer le pied gauche en avant, puis en arrière, et tourner d'un seul coup le pied droit sur le dedans arrière, passer l'épaule droite en arrière, conserver le pied gauche en avant, puis le repasser en arrière en même temps que l'épaule gauche pour terminer dans la position du dedans arrière.

Deuxième méthode. — Partir sur le dehors avant droit, en exagérant fortement la position en avant de l'épaule droite, en conservant le pied gauche en arrière et légère-

Fig. 19. — Le bracket du dehors avant au dedans arrière droit (1re méthode).

ment croisé, jusqu'au moment d'exécuter le bracket, où, d'un seul coup, on ramènera l'épaule droite en arrière en passant la jambe gauche en avant. La tête ne doit presque pas bouger pendant ce mouvement (pl. VIII).

Ramener, sur la fin, épaule et pied gauches en arrière pour terminer dans la position du dedans arrière, le pied libre bien croisé, en vue de la reprise sur le dedans arrière gauche.

Dans la position du dedans arrière gauche se fait la reprise; mais, avant d'effectuer le bracket, on passe en arrière épaule et pied droits, ainsi que la tête (*fig.* 20); puis, d'un seul coup, on passe sur le dehors avant gauche, en passant le pied droit en arrière, l'épaule droite en avant, fortement tournée vers l'intérieur du cercle, tout comme dans la boucle sur le dehors avant gauche. Terminer en conservant cette position forcée de l'épaule droite, mais en repassant le pied droit en avant vers la fin du mouvement.

18 *b*. ***Dehors avant gauche, bracket, dedans arrière.*** Reprise. ***Dedans arrière droit, bracket, dehors avant.*** — Même technique que sur le pied droit.

19 *a*. ***Dedans avant droit, bracket, dehors arrière.*** Reprise.

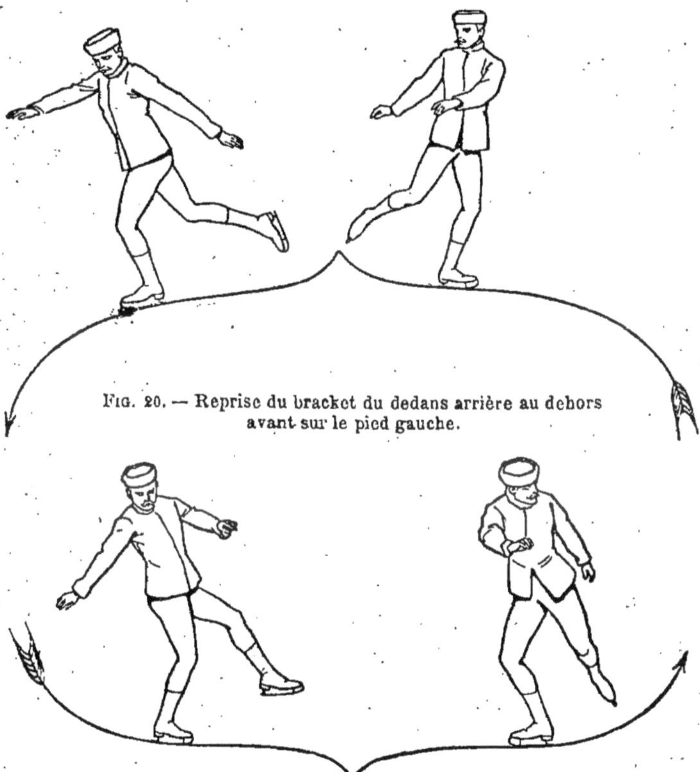

FIG. 20. — Reprise du bracket du dedans arrière au dehors avant sur le pied gauche.

FIG. 21. — Le bracket du dedans avant au dehors arrière droit.

Dehors arrière gauche, bracket, dehors avant. — Partir dans la position du dedans avant droit, l'épaule gauche en avant, le pied gauche en arrière (*fig*. 21).

Un peu avant d'exécuter le bracket, passer le pied gauche en avant et croisé, par rapport au droit, puis, d'un seul coup, passer sur le dehors arrière, en faisant pivoter les épaules, de sorte que la gauche vienne en arrière, en accentuant le mouvement à l'intérieur du cercle, et le pied gauche en arrière.

La reprise se fait sur le dehors arrière gauche.

Conserver la position de départ, la jambe droite en avant, l'épaule droite en arrière, jusqu'au moment du bracket, où,

FIG. 22. — Le bracket du dehors arrière au dedans avant sur le pied droit.

d'un seul coup, on passera sur le dedans avant gauche, en déplaçant seulement latéralement les épaules et la jambe libre, lesquelles, par suite du changement de direction, deviennent : épaule gauche en avant, jambe droite en arrière.

Une autre méthode consiste à passer la jambe droite en arrière, un peu avant d'effectuer le bracket, et de la balancer en avant au moment où l'on tournera le bracket (*fig.* 22).

19. *Dedans avant gauche, bracket, dehors arrière.* Reprise. *Dehors arrière droit, bracket, dedans avant.* — Même technique que sur le pied droit.

Le rocker.

20 a	*HvdRHr*	—	*HrgRHv*	4
b	*HvgRHr*	—	*HrdRHv*	4
21 a	*DvdRDr*	—	*DrgRDv*	4
b	*DvgRDr*	—	*DrdRDv*	4

SALCHOW DANS LE ROCKER SUR LE DEDANS

AVANT LE ROCKER. APRÈS LE ROCKER.

MAGNUS DANS LE CONTRE-ROCKING SUR LE DEHORS

AVANT LE CONTRE-ROCKING. APRÈS LE CONTRE-ROCKING.

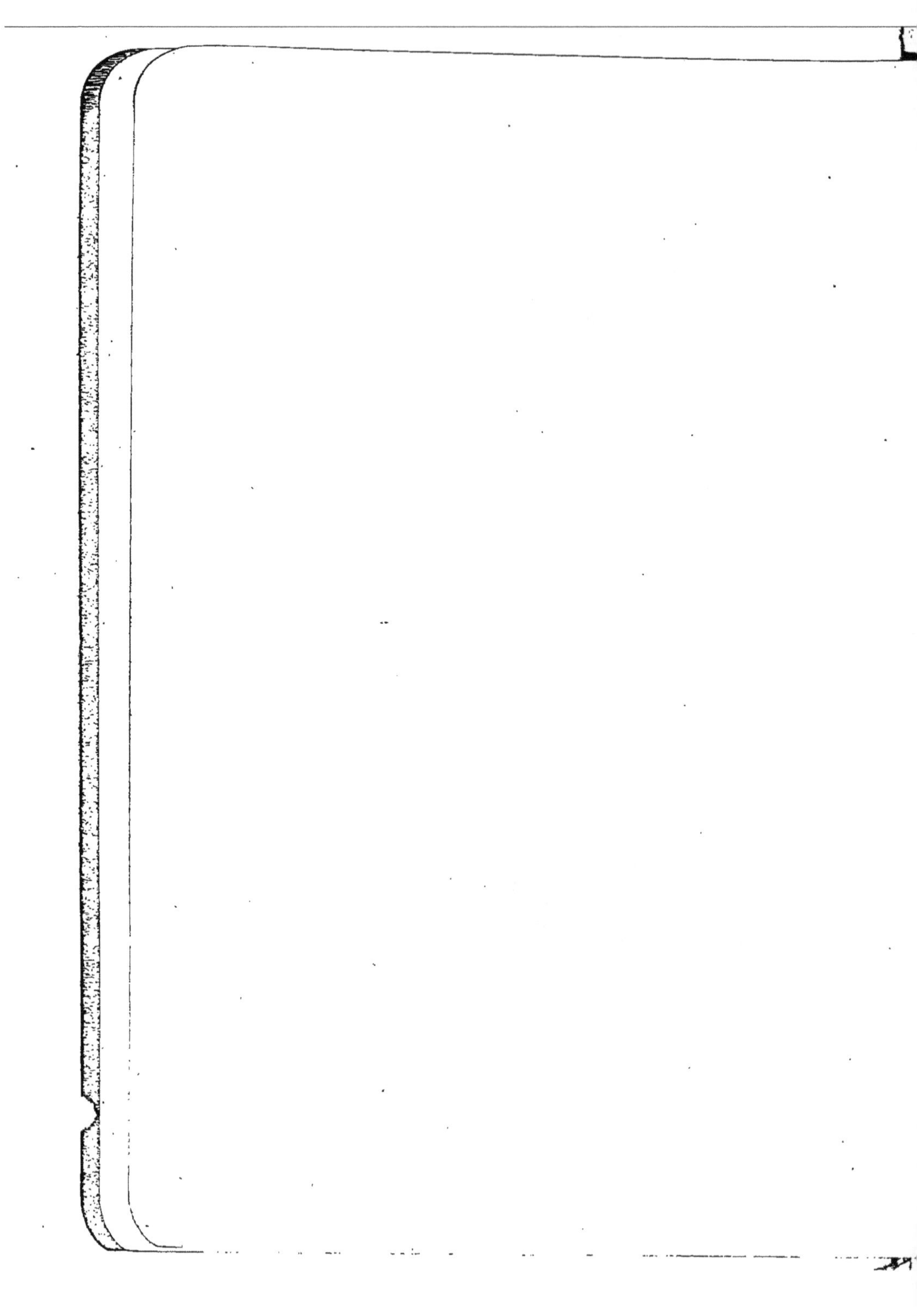

20 *a*. *Dehors avant droit, rocker, dehors arrière*. Reprise. *Dehors arrière gauche, rocker, dehors avant.* — Partir dans la position du dehors avant droit, puis aussitôt passer l'épaule gauche en avant en la forçant, et le pied gauche en avant.

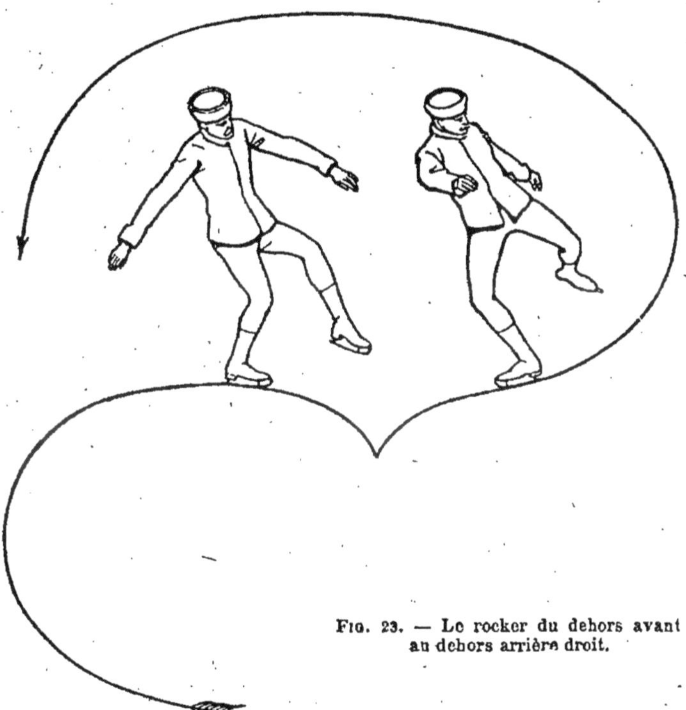

Fig. 23. — Le rocker du dehors avant au dehors arrière droit.

croisé devant le droit aussi loin que possible; puis, d'un seul coup, effectuer le rocker, en pivotant sur les hanches, en passant sur le dehors arrière, en ramenant brusquement en arrière, d'une façon très accentuée, épaule et pied gauches (*fig*. 23).

Le rocker s'obtient en soulevant l'arrière du patin, de façon à pivoter sur l'avant.

Il faut plier fortement le genou avant et après le rocker,

pencher le corps en arrière et à l'intérieur de la courbe, et bien tourner la tête, en même temps que les hanches, les épaules et le pied.

Il est plus aisé d'effectuer le rocker que de conserver ensuite la position forcée en arrière; c'est l'épaule gauche très en arrière, la tête en arrière et la jambe gauche croisée

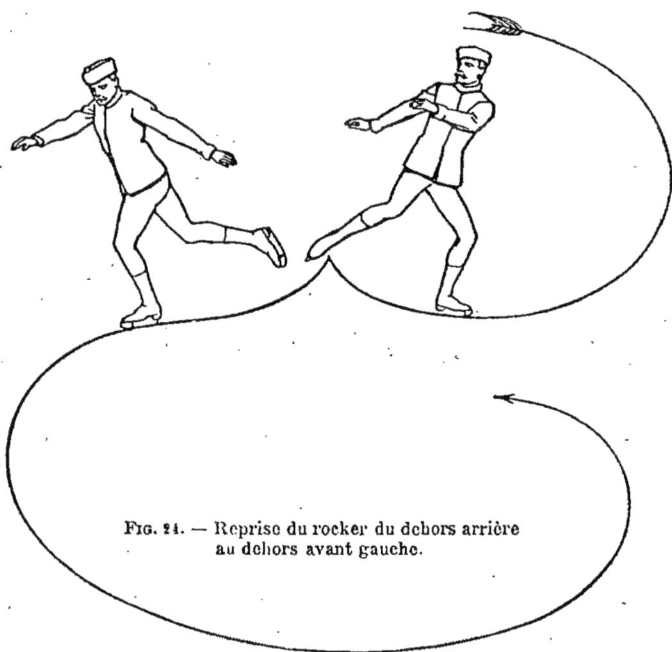

Fig. 24. — Reprise du rocker du dehors arrière au dehors avant gauche.

en arrière et presque collée à l'autre jambe, qui permettent de tenir cette position et de terminer la courbe.

Pour la reprise, repartir sur le dehors arrière gauche, en passant aussitôt en arrière épaule et jambe droites, la tête regardant dans la direction du mouvement; les mouvements doivent être accentués, comme pour le changement de carre en arrière.

Ensuite, d'un seul coup, passer sur le dehors avant gauche, en ramenant en avant l'épaule droite et en arrière le pied droit dans la position très accentuée de la boucle sur le dehors avant (*fig.* 24).

Le pivotement se fait sur l'arrière du patin.

Terminer la courbe en repassant en avant la jambe droite.

20 *b*. *Dehors avant gauche, rocker, dehors arrière*. Reprise. *Dehors arrière droit, rocker, dehors avant*. — Même technique que sur le pied droit.

21 *a*. *Dedans avant droit, rocker, dedans arrière*. Reprise. *Dedans arrière gauche, rocker, dedans avant*. — Partir dans la position du dedans avant droit, *mais en plaçant l'épaule droite en avant*. Passer le pied gauche en avant, forçant très fortement l'épaule droite en avant, en penchant le corps à l'intérieur du mouvement (*fig.* 25).

Pour effectuer le rocker, soulever l'arrière du patin, pour pivoter sur l'avant et passer sur le dedans arrière droit.

A ce moment, passer en avant le pied gauche et accentuer fortement en arrière l'épaule droite, en tournant la tête à droite dans la direction du mouvement.

Lorsqu'on tient la position, repasser l'épaule droite en arrière ainsi que le pied droit, pour terminer dans la position du dedans arrière droit.

La reprise se fait sur le dedans arrière gauche, en conservant la position (épaule gauche en arrière, pied droit en avant), jusqu'au rocker, où l'on soulèvera l'avant du patin pour pivoter sur l'arrière et passer sur le dedans avant gauche. Passer alors l'épaule gauche en avant et le pied droit en arrière (*fig.* 26).

Cette position est identique à celle du bracket dehors arrière dedans avant. Il n'y a qu'une différence de carre et d'inclinaison de sens du corps.

Pour terminer la courbe, repasser le pied droit en avant.

21 *b*. *Dedans avant gauche, rocker, dedans arrière*. Reprise. *Dedans arrière droit, rocker, dedans avant*. — Même technique que précédemment.

Le contre-rocking.

22	a	*HvdCHr*	—	*HrgCHv*........	3
	b	*HvgCHr*	—	*HrdCHv*........	3
23	a	*DvdCDr*	—	*DrgCDv*........	3
	b	*DvgCDr*	—	*DrdCDv*........	3

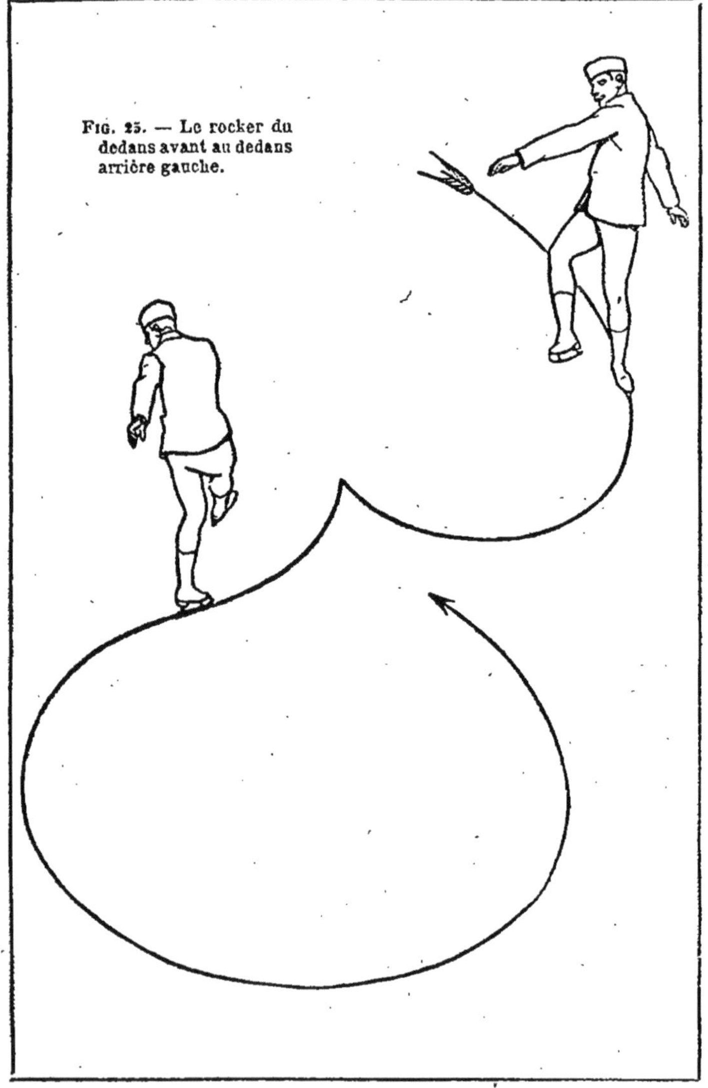

Fig. 25. — Le rocker du dedans avant au dedans arrière gauche.

Mlle OPIKA VON MÉRAY HORVATH, DE BUDAPEST,
CHAMPIONNE DU MONDE (1912 ET 1913)
DANS SA BELLE SPIRALE D'ENTRÉE.

PIROUETTE DEBOUT,
PAR LE SUÉDOIS ROOTH.

PIROUETTE ASSISE,
PAR LE MUNICHOIS ZINTL.

22 *a*. ***Dehors avant droit, contre-rocking, dehors arrière***. Reprise. ***Dehors arrière gauche, contre-rocking, dehors avant***. — Partir dans la position du dehors avant droit, mais repasser presque aussitôt en avant, épaule et pied gauches, d'un seul coup, en soulevant l'arrière du patin, pour pivoter sur

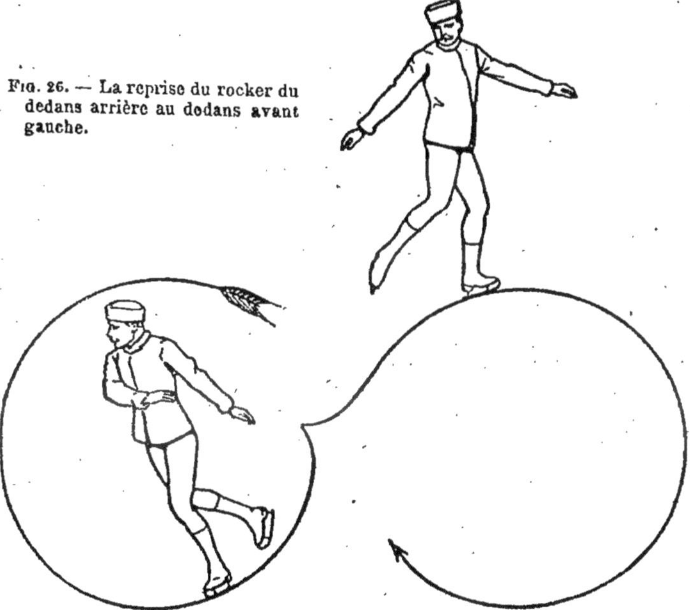

Fig. 26. — La reprise du rocker du dedans arrière au dedans avant gauche.

l'avant, passer sur le dehors arrière droit, en conservant le pied gauche en avant, en passant en arrière l'épaule gauche, puis ensuite le pied gauche, pour terminer la courbe (pl. XI).

La reprise a lieu sur le dehors arrière gauche, en forçant en arrière l'épaule gauche et le pied droit, en pivotant sur l'arrière du patin, pour passer sur le dehors avant gauche dans la position de départ de ce mouvement, c'est-à-dire épaule gauche en avant et pied droit en arrière. Sur la fin de la courbe, tourner les épaules et repasser le pied droit en avant pour terminer le mouvement (*fig*. 27).

22 *bis*. ***Dehors avant gauche, contre-rocking, dehors arrière***.

Reprise. *Dehors arrière droit, contre-rocking, dehors avant.* — Même technique que précédemment.

23 *a*. *Dedans avant droit, contre-rocking, dedans arrière.* Reprise. *Dedans arrière gauche, contre-rocking, dedans avant.* — Partir comme pour le dedans avant droit, mais, presque aussitôt, passer l'épaule droite et le pied gauche en avant (*fig.* 28).

Au moment de pivoter pour passer sur le dedans arrière droit, balancer la jambe gauche en arrière, pour la repasser

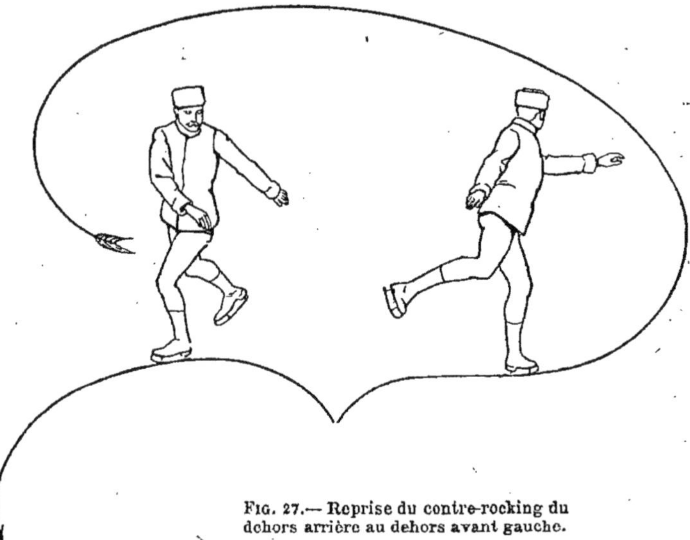

Fig. 27.— Reprise du contre-rocking du dehors arrière au dehors avant gauche.

en avant immédiatement après le pivotement, cependant que l'épaule gauche passe en arrière. Dès qu'on se sent en équilibre, repasser la jambe gauche en arrière pour terminer dans la position du dedans arrière droit.

La reprise se fait sur le dedans arrière gauche (position de la fin du mouvement), épaule et pied droits en arrière. Pivotant sur l'arrière du patin, il faut passer sur le dedans avant gauche, l'épaule droite en avant, la jambe droite en arrière, puis tourner les épaules et passer le pied droit en avant pour terminer la courbe.

23 *bis*. ***Dedans avant gauche, contre-rocking, dedans arrière.*** Reprise. ***Dedans arrière droit, contre-rocking, dedans avant.***

Même technique que précédemment.

Les paragraphes.

Ce mouvement qui est composé, puisqu'il est formé de deux cercles reliés par un changement de carre, est la clé de tous les paragraphes, mais il est inutile d'insister sur sa

Fig. 28. — Le contre-rocking du dedans avant au dedans arrière droit.

technique, ainsi que sur tous les mouvements qui suivent : changement de carre-trois, double-trois, boucle et paragraphes trois, double-trois, boucle et bracket. Nous prierons nos lecteurs, afin d'éviter des répétitions inutiles de se reporter à la technique des mouvements dont ils se composent, ainsi qu'aux dessins montrant ces diverses positions à leur point critique.

Toutefois, pour les divers paragraphes, il est bon de donner des conseils spéciaux. D'abord, celui de modérer son élan au départ de la première courbe, afin d'éviter qu'elle ne soit trop disproportionnée à la seconde; ensuite, de ne modifier la position du départ qu'au moment de faire le changement de carre, de façon que le déplacement des épaules et de la jambe libre soient vraiment efficaces, pour redonner l'élan nécessaire afin de pouvoir effectuer la seconde courbe; enfin, de bien fléchir le genou à chaque changement de carre.

Nous ne citerons donc qu'à titre documentaire les figures qui suivent sans les accompagner d'aucun commentaire.

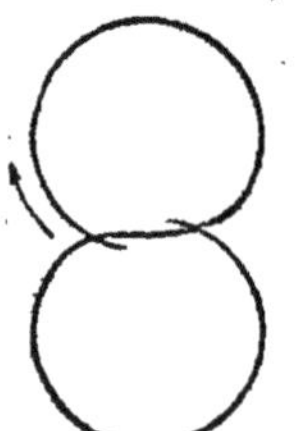

Huit sur un pied.

24	a	HDvd	—	DHvg	2
	b	HDvg	—	DHvd	2
25	a	HDrd	—	DHrg	3
	b	HDrg	—	DHrd	3

24 *a*. *Dehors dedans avant droit*. Reprise. *Dedans dehors avant gauche.*

24 *b*. *Dehors dedans avant gauche*. Reprise. *Dedans dehors avant droit.*

25 *a*. *Dehors dedans arrière droit*. Reprise. *Dedans dehors arrière gauche.*

25 *b*. *Dehors dedans arrière gauche*. Reprise. *Dedans dehors arrière droit.*

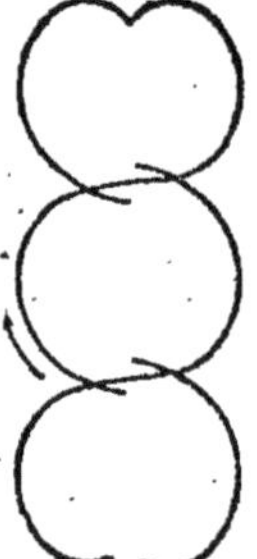

Le changement de carre trois.

26	a	HDvdTHr	—	HDrgTHv	2
	b	HDvgTHr	—	HDrdTHv	2
27	a	DHvdTDr	—	DHrgTDv	3
	b	DHvgTDr	—	DHrdTDv	3

26 *a*. *Dedans dehors avant droit, trois, dehors arrière*. Reprise. *Dehors dedans arrière gauche, trois, dehors avant.*

26 *b*. *Dehors dedans avant gauche, trois, dehors*

arrière. Reprise. *Dehors dedans arrière droit, trois, dehors avant.*

27 *a. Dedans dehors avant droit, trois, dedans arrière.* Reprise. *Dedans dehors arrière gauche, trois, dedans avant.*

27 *b. Dedans dehors avant gauche, trois, dedans arrière.* Reprise. *Dedans dehors arrière droit, trois, dedans avant.*

Le changement de carre double trois.

28	a	*HDvdTHrTDv*	—	*DHvgTDTHv*	1
	b	*HDvgTHrTDv*	—	*DHvdTDrTHv*	1
29	a	*HDrdTHvTDr*	—	*DHrgTDvTHr*	3
	b	*HDrgTHvTDr*	—	*DHrdTD THr*	3

28 *a. Dehors dedans avant droit, trois, dehors arrière, trois, dedans avant.* Reprise. *Dedans dehors avant gauche, trois, dedans arrière, trois, dehors avant.*

28 *b. Dehors dedans avant gauche, trois, dehors arrière, trois, dedans avant.* Reprise. *Dedans dehors avant droit, trois, dedans arrière, trois, dehors avant.*

29 *a. Dehors dedans arrière droit, trois, dehors avant, trois, dedans arrière.* Reprise. *Dedans dehors arrière gauche, trois, dedans avant, trois, dehors arrière.*

29 *b. Dehors dedans arrière gauche, trois, dehors avant, trois, dedans arrière.* Reprise. *Dedans dehors arrière droit, trois, dedans avant, trois, dehors arrière.*

Le changement de carre boucle.

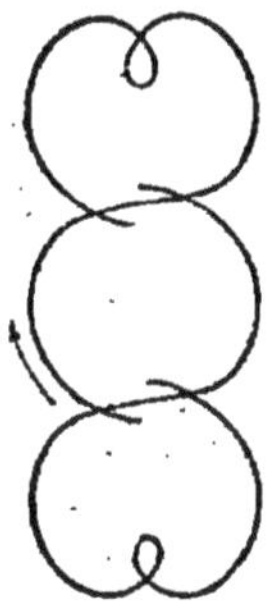

30	a	*HDvdBDv*	—	*DHvgBHv......*	2
	b	*HDvgBDv*	—	*DHvdBHv......*	2
31	a	*HDrdBDr*	—	*DHrgBHr......*	3
	b	*HDrgBDr*	—	*DHrdBHr......*	3

30 *a. Dehors dedans avant droit, boucle, dedans avant.* Reprise. *Dedans dehors avant gauche, boucle, dehors avant.*

30 *b. Dehors dedans avant gauche, boucle, dedans avant.* Reprise. *Dedans dehors avant droit, boucle, dehors avant.*

31 *a*. *Dehors dedans arrière droit, boucle, dedans arrière.* Reprise. *Dedans dehors arrière gauche, boucle, dehors arrière.*

31 *b*. *Dehors dedans arrière gauche, boucle, dedans arrière.* Reprise. *Dedans dehors arrière droit, boucle, dehors arrière.*

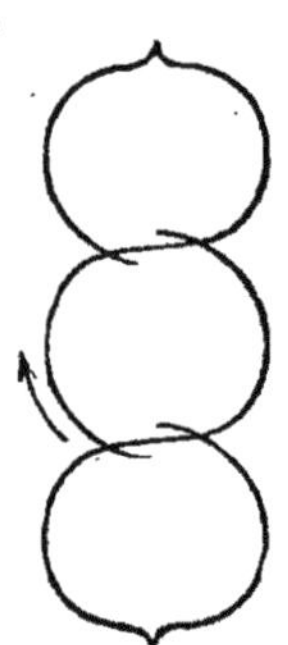

Le changement de carre bracket.

32 a	*HDvdBKHr*	—	*HDrgBKHv* . . . 3
b	*HDvgBKHr*	—	*HDrdBKHv* . . . 3
33 a	*DHvdBKDr*	—	*DHrgBKDv* . . . 3
b	*DHvgBKDr*	—	*DHrdBKDv* . . . 3

32 *a*. *Dehors dedans avant droit, bracket, dehors arrière.* Reprise. *Dehors dedans arrière gauche, bracket, dehors avant.*

32 *b*. *Dehors dedans avant gauche, bracket, dehors arrière.* Reprise. *Dehors dedans arrière droit, bracket, dehors avant.*

33 *a*. *Dedans dehors avant droit, bracket, dedans arrière.* Reprise. *Dedans dehors arrière droit, bracket, dedans avant.*

33 *b*. *Dedans dehors avant gauche, bracket, dedans arrière.* Reprise. *Dedans dehors arrière droit, bracket, dedans avant.*

Le paragraphe trois.

34 a	*HvdTDHrTDv*	—	*DvgTHDrTHv*.	3
b	*HvgTDHrTDv*	—	*DvdTHDrTHv*.	3
35 a	*HrdTDHvTDr*	—	*DrgTHDvTHr*.	3
b	*HrgTDHvTDr*	—	*DrdTHDvTHr*.	3

34 *a*. *Dehors avant droit, trois, dedans dehors arrière, trois, dedans avant.* Reprise. *Dedans avant gauche, trois, dehors dedans arrière, trois, dehors avant.*

34 *b*. *Dehors avant gauche, trois, dedans dehors arrière, trois, dedans avant.* Reprise. *Dedans avant droit, trois, dehors dedans arrière, trois, dehors avant.*

35 *a*. *Dehors arrière droit, trois, dedans dehors avant, trois, dedans arrière.* Reprise. *Dedans arrière gauche, trois, dehors dedans avant, trois, dehors arrière.*

35 *b*. *Dehors arrière gauche, trois, dehors avant, trois, dedans arrière.* Reprise. *Dedans arrière droit, trois, dehors dedans avant, trois, dehors arrière.*

Le paragraphe double trois.

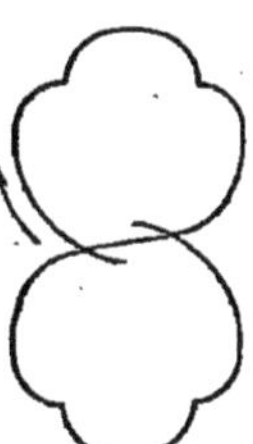

36 a *HvdTDrTHDvTHrTDv — DvgTHrTDHvTDrTHv* *3*
b *HvgTDrTHDvTHrTDv — DvdTHrTDHvTDrTHv* *3*
37 a *HrdTDvTHDrTHvTDr — DrgTHvTDHrTDvTHr* *4*
b *HrgTDvTHDrTHvTDr — DrdTHvTDHrTDvTHr* *4*

36 *a*. *Dehors avant droit, trois, dedans arrière, trois, dehors dedans avant, trois, dehors arrière, trois, dedans avant.* Reprise. *Dedans avant gauche, trois, dehors arrière, trois, dedans dehors avant, trois, dedans arrière, trois, dehors avant.*

36 *b*. *Dehors avant gauche, trois, dedans arrière, trois, dehors dedans avant, trois, dehors arrière, trois, dedans avant.* Reprise. *Dedans avant droit, trois, dehors arrière, trois, dedans dehors avant, trois, dedans arrière, trois, dehors avant.*

37 *a*. *Dehors arrière droit, trois, dedans avant, trois, dehors dedans arrière, trois, dehors avant, trois, dedans arrière.* Reprise. *Dedans arrière gauche, trois, dehors avant, trois, dedans dehors arrière, trois, dedans avant, trois, dehors arrière.*

37 *b*. *Dehors arrière gauche, trois, dedans avant, dehors dedans arrière, trois, dehors avant, trois, dedans arrière.* Reprise. *Dedans arrière droit, trois, dehors avant, trois, dedans dehors arrière, trois, dedans avant, trois, dehors arrière.*

Le paragraphe boucle.

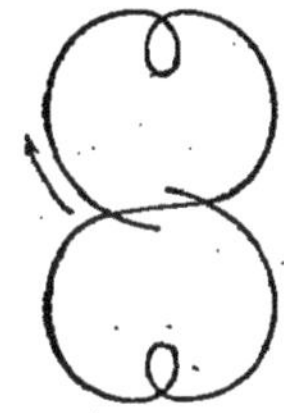

38 a *HvdBHDvBDv* — *DvgBDHvBHv*. *4*
b *HvgBHDrBDv* — *DvdBDHvBHv*. *4*
39 a *HrdBHDrBDr* — *DrgBDHrBHr*. *5*
b *HrgBHDrBDr* — *DrdBDHrBHr*. *5*

38 *a*. *Dehors avant droit, boucle, dehors dedans avant, boucle, dedans avant.* Reprise. *Dedans avant gauche, boucle, dedans dehors avant, boucle, dehors avant.*

38 *b*. *Dehors avant gauche, boucle, dehors dedans avant, boucle, dedans avant.* Reprise. *Dedans avant droit, boucle, dedans dehors avant, boucle, dehors avant.*

39 *a*. *Dehors arrière droit, boucle, dehors dedans arrière, boucle, dedans arrière.* Reprise. *Dedans arrière gauche, boucle, dedans dehors arrière, boucle, dehors arrière.*

39 *b*. *Dehors arrière gauche, boucle, dehors dedans arrière, boucle, dedans arrière.* Reprise. *Dedans arrière droit, boucle, dedans dehors arrière, boucle, dehors arrière.*

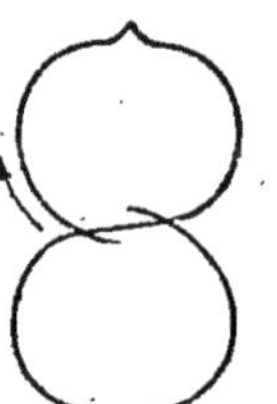

Le paragraphe bracket.

40	*a*	*HvdBKDHrBKDv*	—	*DvgBKHDrBKHv..*	4
	b	*HvgBKDHrBKDv*	—	*DvdBKHDrBKHv..*	4
41	*a*	*HrdBKDHvBKDr*	—	*DrgBKHDvBKHr..*	5
	b	*HrgBKDHvBKDr*	—	*DrdBKHDvBKHr..*	5

40 *a*. *Dehors avant droit, bracket, dedans dehors arrière, bracket, dedans avant.* Reprise. *Dedans avant gauche, bracket, dehors dedans arrière, bracket, dehors avant.*

40 *b*.. *Dehors avant gauche, bracket, dedans dehors arrière, bracket, dedans avant.* Reprise. *Dedans avant droit, bracket, dehors dedans arrière, bracket, dehors avant.*

41 *a*. *Dehors arrière droit, bracket, dedans dehors avant, bracket, dedans arrière.* Reprise. *Dedans arrière gauche, bracket, dehors dedans avant, bracket, dehors arrière.*

41 *b*. *Dehors derrière gauche, bracket, dedans dehors avant, bracket, dedans arrière.* Reprise. *Dedans arrière droit, bracket, dehors dedans avant, bracket, dehors arrière.*

ARTHUR CUMMING, DE LONDRES,
DANS SON PIVOT, MERVEILLE D'ÉQUILIBRE.

IRVING BROKAW, DE NEW YORK,
DANS SA SPIRALE D'ENTRÉE.

UN SAUT IMPRESSIONNANT
PAR LE PARISIEN ALBERT HEIDÉ.

UNE SPIRALE DE Mme SYERS,
LA CÉLÈBRE CHAMPIONNE ANGLAISE.

LE PATINAGE LIBRE

Le véritable patinage artistique est le patinage libre (*free skating* en anglais, *Kurlaufen* en allemand), ainsi nommé par opposition au patinage d'école ou figures imposées.

Alors que dans ce dernier le patineur est soumis à des règles très étroites, tant en ce qui concerne le tracé des figures que les positions types adoptées par la majorité des champions, dans le patinage libre, au contraire, il pourra et devra faire appel à sa personnalité et à ses facultés artistiques : *imagination*, pour inventer de nouvelles figures et de nouveaux pas; *goût*, pour ne tomber ni dans la banalité ni dans l'affectation; *sens du rythme*, pour coordonner son programme avec méthode et en mesure avec la musique.

Le patinage libre est infiniment attrayant, parce qu'en même temps qu'il exerce l'*intelligence* pour la composition du programme, il fait travailler le *corps* pour l'exécution de figures rapides, brillantes et d'une variété infinie.

Son principal charme aux yeux du spectateur, c'est qu'il dissimule l'*effort athlétique*, pourtant considérable. Cinq et même trois minutes d'exécution sans arrêt d'un programme qui nécessite plusieurs reprises d'élan, des détentes soudaines comme dans les sauts, une grande endurance de la jambe employée comme dans les spirales, qui entraîne l'essoufflement d'une course aussi folle, le trac qui dessèche la gorge, la préoccupation d'enchaîner le programme, l'étourdissement provenant des pirouettes, la crainte des chutes, l'angoisse d'entendre appeler les minutes, l'attention à suivre la musique, tout cela n'est pas apparent ou plutôt *ne doit pas l'être,* et c'est en cela que le véritable champion s'affirme.

Un tel résultat ne peut s'acquérir qu'après un travail assidu et de nombreuses répétitions du programme en entier.

Il faut donc tout d'abord *composer un programme.*

Le débutant en patinage libre ne peut que copier les maîtres et leurs figures les plus aisées, car certaines sont si rapides ou si compliquées qu'il faut les voir souvent pour les comprendre. Et comme il existe plusieurs écoles pour le patinage libre, la difficulté s'accroît. Examinons ces écoles.

L'école suédoise a comme chef *Ulrich Salchow,* dont le programme est servilement copié par la majorité des patineurs suédois (sauf Rooth, Johansson, Pér Thoren), norvégiens, allemands et quelques autrichiens.

Sa caractéristique nous est donnée par Salchow lui-même : « *Un patinage calme, tout en étant présenté avec force et élan.* »

Les principales figures de ce programme sont : le grand aigle et ses combinaisons, les pirouettes debout et assises en avant et arrière, le saut d'Axel Paulsen, quelques pas de marche, quelques grands mouvements sur un pied avec des rockers, contre-rockings, et se terminant en général par une spirale ou une pointe, quelques figures spéciales telles que l'étoile de Salchow.

La carrure athlétique et la sûreté de pied de Salchow rendent ce programme intéressant, bien que manquant un peu du brio et de l'envolée que l'on peut trouver dans certaines autres écoles.

Les principaux imitateurs du programme de Salchow sont : les Suédois *Gosta Sandahl* et *Grafstrom,* l'Allemand *Rittberger,* le Viennois *Kachler,* le Hongrois *Szende,* qui cependant possède plusieurs variantes du programme de Fuchs.

L'école viennoise, dont les grands maîtres sont *Max Bohatsch, Hugel* et *Herz,* procède d'un principe opposé. C'est l'école des fréquents changements de pied qui produisent une foule de pas de danse très rapides et très brillants. De grandes spirales, figures de position où la tenue théâtrale produit beaucoup d'effet, interrompent les pas de danse et les pirouettes et combinaisons diverses du grand aigle; c'est un des programmes qui plaisent le plus au spectateur à cause de son apparence de variété. Mais cette abondance de pas de danse risque de tourner à l'abus, car il faudrait que chaque pas de danse fût très différent des autres pour éviter l'impression de la monotonie.

L'école allemande est représentée par *Gilbert Fuchs*, dont les très difficiles pirouettes en tous sens constituent la spécialité. Le jeune Munichois *Zintl* est le meilleur élève de cette école, mais il a corrigé son programme par l'adoption des plus intéressantes figures de l'école française qu'il a eu maintes occasions d'étudier à Berlin. L'école allemande innove rarement, mais sait fort bien s'assimiler les inventions des autres écoles. Grand aigle et pirouettes y sont classiques.

L'école anglaise, ou plus exactement celle de *Grenander*, a pour protagoniste ce dernier dont *Cumming* est le fidèle élève. *Greig* doit quelques figures à Grenander, mais il en possède un grand nombre d'originales et que seule sa puissance fantastique de chevilles lui permet d'exécuter. *Williams* procède de l'école suédoise.

Grenander est un bel athlète, d'une souplesse qui tourne à la dislocation. C'est le patineur produisant la plus forte impression au spectateur qui n'est pas doublé d'un critique. Son style est curieux, mais ne peut être copié que par ceux qui, comme Arthur Cumming, possèdent les mêmes qualités acrobatiques.

Ce n'est pas un programme dont le patineur qui veut rester classique puisse tirer un parti profitable. Tout autre que Grenander paraîtra affecté et visant à l'effet par des poses que ne justifie que la beauté plastique du sujet. Il s'ensuit qu'aucun de ses imitateurs n'a obtenu l'effet produit par le maître. Dépeindre la caractéristique de ce style est malaisé; toutefois on peut dire qu'il provoque l'étonnement par la *contradiction du sens des mouvements* et *l'abondance des figures spéciales sur un seul pied.*

L'école française, car il y en a une, produisit un certain étonnement lors de ses débuts dans les concours internationaux il y a quelques années, par son originalité qui n'empruntait rien aux autres écoles qui étaient alors inconnues de ses patineurs.

Son principe est d'adapter le programme aux capacités physiques du patineur. La légèreté, la grâce sans aucune

dont l'explication, par suite de l'emploi fréquent des deux pieds, pourrait manquer de clarté.

Le principe à retenir, c'est qu'il faut *couvrir le plus d'étendue possible* et ne se cantonner ni au *centre* ni *autour,* mais *couper fréquemment* le centre de la piste.

Les figures doivent être combinées de façon à être *groupées* avec méthode, en sorte que si on en exécute une grande à une extrémité, il faut en faire une autre de même envergure, quoique dissemblable, à l'autre extrémité, même si entre temps on a exécuté une figure au centre.

Un genre de figures très utile, tant pour se reposer qu'en raison de l'effet produit, consiste dans les figures dites *de position,* mouvements simples sur un dehors ou un dedans avant ou arrière, mais où la position des bras ou de la jambe libre produit une belle impression plastique. C'est surtout dans ces figures, dont on se gardera d'abuser, qu'il faut éviter l'affectation de la tenue.

Il est indispensable de composer son programme de telle façon que les figures *reposantes* alternent avec les figures *fatigantes;* autrement le patineur sera rapidement à bout de souffle et se traînera lamentablement jusqu'à la fin de son programme.

Pour la composition de ce programme, il faut essayer les figures *séparément,* les noter par écrit, et chercher ensuite à les placer dans un ordre méthodique qui tiendra compte de la fatigue possible, d'une part, et de l'harmonie générale du programme, d'autre part.

Lorsqu'on sera satisfait de l'ordre du programme adopté, il faudra le noter sur un papier de dimensions restreintes afin de pouvoir le tenir en main pendant les répétitions du programme entier, pour lequel il sera prudent de prendre des points de repère sur la piste.

Apprendre par cœur ensuite l'ordre du programme et *choisir un air de musique,* soit une marche, soit une valse, qui s'adapte bien au style du patineur.

Il faut multiplier les occasions de répéter sur ce même air, dont il est préférable d'éviter de changer s'il convient bien.

Avec l'habitude, on arrivera à se rappeler que *telle mesure* correspond à *telle figure* déterminée. Dans les concours à l'étranger, il est prudent d'emporter la musique pour l'orchestre qui accompagnera.

Dans ces conditions, on ne saurait craindre aucune hésitation dans l'exécution de ce programme.

Il est évident qu'en répétant il faut s'assurer que ce programme *reste dans les limites du temps accordé* pour le concours que l'on prépare (3 minutes pour les juniors, 4 ou 5 minutes pour les seniors).

En ce qui concerne la *composition* du programme, il faut se rappeler que les deux *facteurs* d'après lesquels le juge attribue les points sont la *difficulté* et la *variété* des figures incluses dans ce programme. Il s'ensuit qu'il faut rechercher la difficulté, à condition qu'on soit certain de la figure présentée, et ne pas omettre de varier le plus possible les différents mouvements.

En ce qui concerne l'*exécution*, les points sont attribués d'après l'*enchaînement harmonieux* des diverses figures, la *sûreté* du pied, le *maintien* ou tenue générale du patineur, où la grâce influence beaucoup les juges, et enfin l'*élan* qui assure à l'exécution une allure générale qui fait impression.

Comme renseignements spéciaux, je conseillerai aux concurrents de se frictionner les membres à l'embrocation avant le concours, afin de se présenter en parfaite condition, et ensuite d'absorber, juste avant le moment d'entrer en piste, quelques gorgées de citron pressé dans de l'eau et sans sucre. Ce procédé est infaillible pour empêcher la sécheresse de la gorge qui contribue à augmenter le trac.

Les figures spéciales.

On appelle *figures spéciales* des mouvements exécutés sur un seul pied et formant un dessin en général symétrique sur la glace.

Ces mouvements, exécutés dans un espace très restreint, proviennent des combinaisons les plus difficiles des becs, cross-cutt, doubles boucles, brackets, rockers et contre-rockings, en un mot toutes les variétés des becs.

En faveur pendant un certain temps, ces figures, tout au moins les concours organisés à leur intention, tendent à présent à disparaître.

Le patinage américain, avant qu'il fût initié au style international, ne comprenait presque exclusivement que des figures de ce genre, qui ont le grave défaut de supprimer l'envolée du patineur.

Les spécialistes les plus connus des figures spéciales sont les Russes Panin, Lebedeff et Sanders, le Suédois Grenander, l'Anglais Cumming, l'Américain Brokaw, l'Allemand Fuchs,

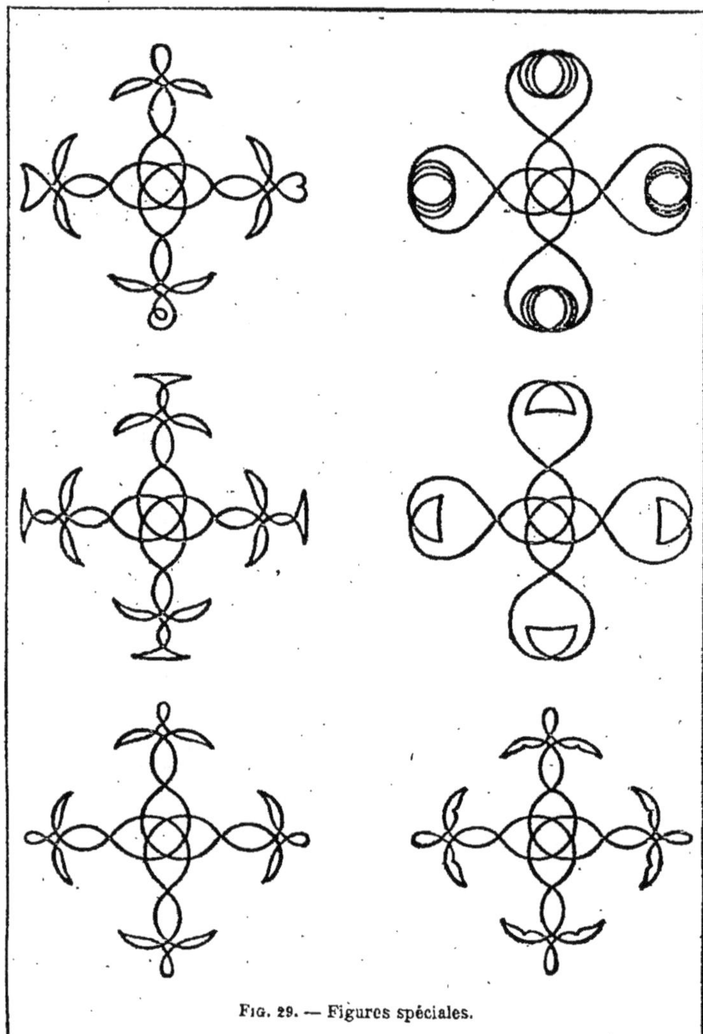

Fig. 29. — Figures spéciales.

Mlle ENGELMANN ET M. KARL MEJSTRIK, DE VIENNE,
CHAMPIONS DU MONDE
POUR LE PATINAGE PAR COUPLES (1913).

M. ET Mme JAKOBSSON D'HELSINGFORS,
CHAMPIONS DU MONDE
POUR LE PATINAGE PAR COUPLES (1911).

FIG. 30. — Figures spéciales.

le Viennois Engelmann, le Norvégien Axel Paulsen, le Finlandais Catani.

Aucune technique ne pouvant être donnée au sujet des figures spéciales, l'oubli dans lequel elles tombent, leur peu d'utilisation pratique dans le patinage libre, nous incitent à ne pas insister davantage sur cette variante du patinage artistique, qui nécessite d'ailleurs des contorsions fort peu agréables à regarder.

Nous nous contenterons donc d'indiquer le tracé des figures spéciales les plus connues (*fig.* 29 et 30).

Le patinage par couples.

Le patinage par couples (en anglais *pair-skating*, en allemand *Paarlaufen*) est de toutes les manifestations du patinage artistique la plus gracieuse, la plus attrayante et aussi la plus aisée.

Cette branche du sport du patinage est de création relativement récente, puisque les premiers grands concours internationaux ne remontent qu'aux environs de 1902.

L'engouement des spectateurs pour ce patinage à deux, d'une part, le plaisir très réel que ressent chacun des partenaires à s'entraîner dans cet art, d'autre part, sont les raisons qui ont développé très rapidement le patinage par couples en Europe.

Nous avons dit que c'était la plus *gracieuse* manifestation du patinage artistique.

En effet, la présence d'une femme dans le couple oblige l'homme à adopter des mouvements plus gracieux, charmants en couple, mais qui seraient ridicules en patinage libre, à modérer sa force, sa puissance et son élan naturels. Cela est d'autant plus exact qu'on a pu constater le changement de style chez des patineurs après qu'ils eussent pratiqué le patinage par couples.

Le cas le plus probant est celui du Finlandais Walter Jakobsson, qui, après avoir fait du patinage par couples, ne présente plus en patinage libre qu'un style mou et pour ainsi dire enjuponné.

Le patinage par couples est *attrayant*, autant pour ceux qui l'exécutent que pour ceux qui regardent.

C'est une sorte de danse continuelle, où chacun des partenaires rythme la mesure de la musique, en même temps qu'ils sont côte à côte ou séparés.

Enfin, il est *aisé*, parce qu'une figure d'une simplicité enfantine, telle qu'un dehors avant, s'il est agrémenté d'un passage du bras de l'homme au-dessus de la tête de la femme, exécuté avec grâce, devient un mouvement du plus bel effet.

Et ces variations vont à l'infini. Bien entendu, les couples les plus appréciés sont ceux qui exécutent les figures les plus difficiles, avec le plus d'élan et le plus d'ensemble.

Le principal facteur de ce patinage est l'*ensemble* qui en constitue d'ailleurs la première difficulté. Cette difficulté est relativement insignifiante dans les figures faciles, mais devient une véritable prouesse dans l'exécution des figures difficiles, et la difficulté s'accroît en raison de la vitesse avec laquelle le mouvement est exécuté.

Les champions les plus notoires du patinage par couples sont : les Anglais *M. et Mme Syers, M. et Mme Johnson*, les Allemands *Mlle Hubler et M. Burger,* les Finlandais *M. et Mme Jakobsson*, les Norvégiens *M. et Mme Bryn*, les Autrichiens *Mlle Engelmann et M. Mejstrik, Mlle von Szabo et M. Horwitz.*

En France, les meilleurs spécialistes ont été ou sont : Mme del Monte et M. Magnus, Mlle Poujade et M. Pigueron, Mlle Aysaguer et M. Sabouret.

On peut appliquer au patinage par couples les principes énoncés dans le chapitre concernant le patinage libre. Nous ne reviendrons donc pas sur ces principes généraux qui s'appliquent à tous les genres de patinage libre.

La première chose à faire dans le patinage par couples, c'est le *choix du partenaire,* qui doit prendre en considération :

1° *La similitude du style.* — Les deux partenaires doivent être autant que possible de même force, de même vitesse de pied, de même grâce. L'opposition du style chez les partenaires ne peut donner que de mauvais résultats ;

2° *La taille.* — Il ne faut pas qu'il y ait disproportion exagérée entre les deux partenaires et surtout que la femme soit plus grande que l'homme ;

3° *Le tempérament.* — Chacun des partenaires doit avoir bon caractère, car il y a souvent des tiraillements et des disputes entre eux ;

4° *Similitude du modèle des patins.* — Cette similitude est indispensable pour obtenir le même élan et le même genre de foulées.

Une fois le choix du partenaire fait, le couple commencera son entraînement avant de composer un programme.

A cet effet, pour acquérir l'ensemble, le couple exécutera face à face, puis côte à côte, les plus simples figures d'école, pour passer ensuite à de plus difficiles, mais en ayant toujours soin de régler l'un sur l'autre sa vitesse, sa cadence, la dimension des figures.

Lorsqu'il se produit un *croisement*, il est préférable que l'homme passe toujours *derrière* la dame; de même que lorsqu'il y a un *passage de bras* au-dessus de la tête, il est presque indispensable que ce soit le bras de l'homme qui passe *au-dessus* de la tête de la dame qui, à cet effet, devra porter un tout petit chapeau.

Avant de songer à composer un programme, il faut apprendre à *courir ensemble* pour prendre l'élan de la façon indiquée pour le patinage libre. Cet élan est très important et plus difficile à faire à deux que tout seul.

Pour la composition du programme, les débutants devront d'abord copier les modèles et ensuite déformer leurs pas, ou innover carrément.

Il faut mélanger les figures côte à côte et les figures séparées, afin de créer une agréable variété en les interposant les unes entre les autres.

Nous n'insisterons pas davantage sur ce genre de patinage, car ce serait répéter inutilement les conseils donnés pour le patinage libre.

Les figures de position pourront cependant être plus fréquentes que dans le patinage libre et varieront presque à l'infini, en avant ou en arrière, sur le dehors ou sur le dedans, avec des positions semblables ou contraires de carre du patin ou de sens du mouvement, avec des dispositions variées des bras et des jambes.

Tout mouvement, même simple, mais fait avec grâce, prendra en patinage par couples une valeur beaucoup plus effective qu'en patinage individuel.

Plus encore que dans ce dernier, le grand nombre de répétitions du programme en entier est indispensable.

Les principes de l'école viennoise, les fréquents changements de pied sont à observer plus spécialement dans le patinage par couples.

Pour finir le programme, rechercher une très belle figure de position se terminant sur les pointes à une extrémité de la piste, afin de laisser une impression favorable.

LA VALSE SUR LA GLACE

La valse, qui n'est autre chose qu'une figure de patinage par couples, a fini par devenir à Paris, à Londres et à Bruxelles, pour un certain nombre de patineurs et surtout de patineuses, le but suprême du patinage.

Savoir valser, voilà l'idéal, voilà à quoi rêvent les jeunes filles avant même de savoir faire un dehors.

Le résultat, c'est que tout le monde croit savoir valser, et en réalité il y a un nombre très restreint de bons valseurs, c'est-à-dire de patineurs exécutant correctement les divers pas qui composent le pas de valse.

Il semble que ce serait perdre son temps que de chercher à remonter le courant de cet engouement et à démontrer aux débutants que la valse étant un mouvement composé de dehors avant et arrière, de croisés et de trois, il est indispensable de connaître à fond ces diverses figures avant de les lier entre elles.

Aussi arrive-t-on à ce résultat, assez paradoxal à Paris tout au moins, de voir des dames produire sur le public, je ne dis pas sur les connaisseurs, une certaine impression de bonnes valseuses, alors qu'elles sont parfaitement incapables d'exécuter un trois lorsqu'elles ne se cramponnent plus à leur valseur.

Il s'ensuit que, pour ce dernier, la valse est la figure la plus fatigante qui existe, puisqu'il faut en général soutenir, tirer, pousser, soulever sa partenaire.

Ne pas s'étonner si, après cela, on constate un certain mépris pour la valse de la part de la majorité des champions de patinage.

M. Ernest Law, qui a écrit un traité de la valse sur la glace, en attribue l'origine au Palais de Glace de Paris ; ce pas y aurait pris naissance vers 1894 pour être importé de là à Londres et dans les autres capitales, où il ne cessa de faire fureur.

Encore une fois, nous conseillerons aux débutants de ne considérer la valse que comme un *moyen*, et non comme le *but* du patinage, et de ne s'y adonner que lorsqu'ils auront étudié les figures fondamentales de cet art.

Le pas de valse est composé de trois pas, combinaisons du dehors avant, du trois, du dedans arrière, du dehors arrière et du croisé avant (*fig.* 31).

Voyons d'abord le pas de l'homme ou plus exactement celui de la personne qui conduit.

Le pas commence par un dehors avant gauche, se poursuit par une rotation du corps, grâce à un trois sur le dedans arrière, sur lequel on reste jusqu'au moment de changer de pied, en effectuant un dehors arrière droit (*fig.* 32).

Pendant la fin de ce mouvement, le patineur tourne progressivement le buste de façon à se trouver en position pour passer avec aisance sur le dehors avant gauche et recommencer le mouvement qui, s'il n'était interrompu par un pas différent que nous allons décrire, formerait un cercle complet.

Ce pas différent consiste, lorsque le patineur est revenu sur le dehors avant gauche, à accentuer fortement ce dehors, puis à croiser le pied droit par-dessus le gauche, et recommencer le mouvement du trois sur le pied droit.

Au début, il est préférable de s'exercer seul en formant des huit, en exécutant d'abord un trois dans chaque sens, puis deux, puis trois, et en effectuant le croisé à l'intersection du huit.

Il faut bien dessiner chaque pas, notamment le trois, qu'il ne faut ni déraper, ni gratter, ni sauter. Après ces exercices, on pourra travailler le pas à deux.

Le pas de la dame consiste à partir sur un dehors arrière droit, à tourner le buste pour passer sur le dehors avant gauche, faire un trois, passer sur le dehors arrière droit (*fig.* 33).

Excepté le départ, le pas est identique à celui de l'homme,

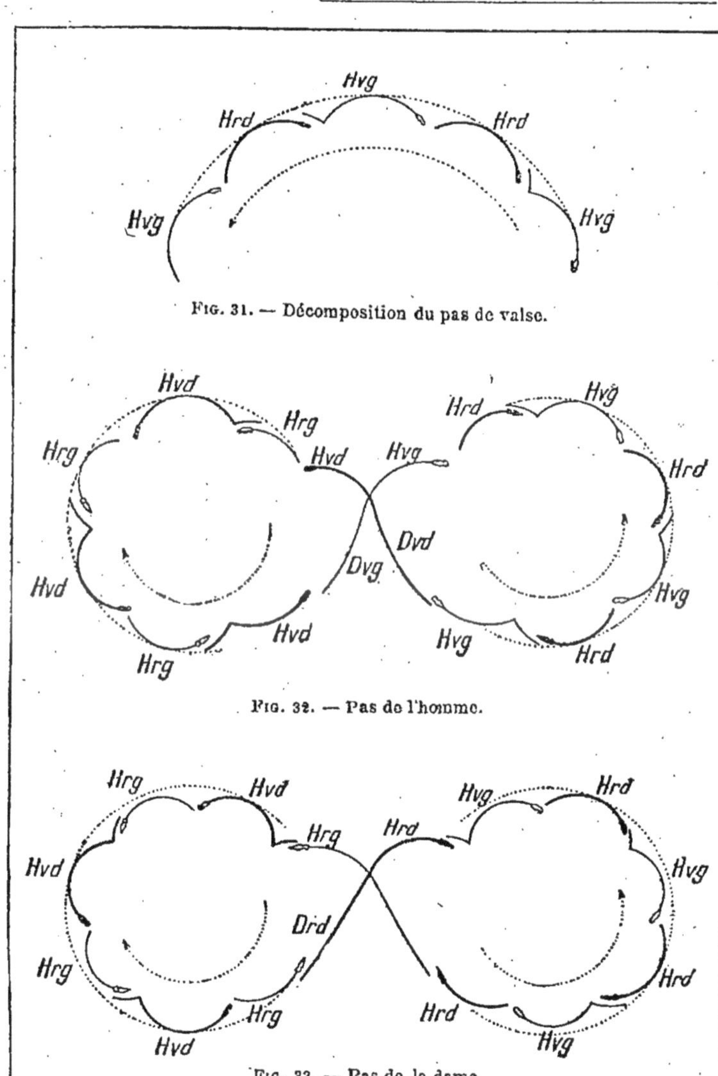

Fig. 31. — Décomposition du pas de valse.

Fig. 32. — Pas de l'homme.

Fig. 33. — Pas de la dame.

mais toujours en sens inverse du pas du valseur, c'est-à-dire que la dame sera en arrière lorsque l'homme sera en avant, et réciproquement. Toutefois, le pas de la dame ne comporte pas de croisé en avant. Si la dame est très bonne patineuse, elle pourra effectuer un *croisé en arrière*, pendant que l'homme fait un *croisé en avant*.

Cette variante est fort jolie, mais rarement employée, car elle entraîne le patineur et peut le gêner pour son trois sur le pied droit.

Le pas ordinaire de la dame, au moment du croisé de l'homme, consiste à faire un dehors arrière droit, puis à passer sur le dehors arrière gauche.

Il est inutile d'ajouter que les pas du valseur et de la valseuse doivent coïncider et se rythmer sur la musique.

Il est très important de savoir partir en valsant et il n'est que trop fréquent de voir le couple faire quelques pas face à face, puis l'homme faire tournoyer brusquement la dame. Voici la méthode de départ que nous préconisons :

Le valseur tient de la main gauche la main droite de la valseuse ; quelques pas d'élan mesurés, puis le valseur fait un petit dedans avant droit, suivi d'un petit dedans arrière gauche sur la même ligne, et part sur un dehors arrière droit en prenant la taille de la valseuse qui part doucement sur un dehors avant gauche.

Ce pas est agréable à regarder, parce qu'il est doux et sans secousse.

Pour mieux éduquer sa valseuse, il est bon de l'exercer de temps à autre à conduire et aussi à changer de partenaire, afin de bien apprendre à suivre.

Nous croyons devoir répéter qu'il faut une absolue simultanéité de l'homme et de la dame dans l'exécution de leurs pas successifs.

Le changement de direction effectué par le croisé du valseur est en général mal exécuté.

Le croisé est plus malaisé à faire à deux que seul, parce que les épaules ne peuvent tourner autant, et que le pied qui croise n'a pas autant d'espace pour se mouvoir.

Voici un truc qui facilitera le croisé : faire un léger et rapide changement de carre du pied gauche au moment de poser le droit.

Cette manière de procéder donne l'impression de faire le croisé, mais en réalité le pied droit est placé *à côté* du pied gauche et à *l'intérieur* et non *au-dessus* et à *l'extérieur*.

M. ET Mme BRYN, DE CHRISTIANIA,
CHAMPIONS DE NORVÈGE
POUR LE PATINAGE PAR COUPLES.

Mlle POUJADE ET M. PIGNERON,
CHAMPIONS DE FRANCE
POUR LE PATINAGE PAR COUPLES (1913).

UN PIVOT A DEUX,
PAR Mlle Y. LACROIX ET M. SABOURET.

UN SAUT,
PAR Mlle ROUSSEL ET M. SABOURET.

De même, pour le pas de la dame à ce moment, il est à recommander d'effectuer un léger et rapide changement de carre pour passer du pied droit sur le pied gauche.

Le temps plus ou moins long employé pour faire en même temps ces deux changements de carre permet de ressaisir la cadence de la musique.

Ces quelques indications devraient en principe suffire pour apprendre à valser correctement, à condition toutefois de ne pas oublier les principes généraux déjà donnés au sujet de la tenue et de la souplesse. Mais tout cela ne vaut pas une pratique assidue et surtout la recherche des défauts de l'un ou l'autre partenaire, car il suffit souvent d'une faute vénielle de l'un d'entre eux pour que le pas de valse s'éloigne de la perfection.

ANNEXE

Principaux clubs de patinage artistique.

Allemagne : Berliner Schlettschuh Club, Berlin ; Berliner Eislauf-Verein, 86, Berlin ; Munchener Eislauf-Verein, Munich ; Troppauer Eislauf-Verein, Troppau.

Angleterre : Figure Skating Club, Londres ; Manchester Skating Club, Manchester ; Scottish Figure Skating Club, Glascow.

Autriche : Wiener Eislauf Verein, Vienne ; Training Eis-Klub, Vienne ; Wiener Eisport-Klub, Vienne ; Cottage Eislauf-Verein, Vienne ; Wiener Akademische Sport-Verein, Vienne.

Belgique : Brussel's Ice Hockey et Skating-Club, Bruxelles.

Canada : Amateur Skating-Association, Montréal.

Etats-Unis : Saint Nicholas Skating-Club, New-York.

Finlande : Helsingfors Skridskoklubb, Helsingfors.

France : Club des Patineurs, Paris.

Hongrie : Budapesti Korcsolyazo Egylet, Budapest.

Norvège : Kristiania Skoiteklub, Christiania ; Trondhjems Skoiteklub, Trondhjem.

Russie : Saint-Petersburger Eislauf-Verein, Saint-Pétersbourg ; Saint-Petersburger Amateur Sport-Verein, Saint-Pétersbourg.

Suède : Stockholms Allmanna Skridskoklubb, Stockholm.

Suisse : Internationaler Schlittschuh Club-Davos ; International Skating Club, Saint-Moritz.

Patinoires artificielles.

Il nous semble intéressant de faire connaître les diverses patinoires artificielles existant au monde avec leur superficie approximative, leur date d'ouverture ou de fermeture dans certains cas.

ALLEMAGNE

Berlin : Berliner Eispalast, ouvert en 1908; superficie 1 900 mq; longueur 54 mètres, largeur 36 mètres.
Hohenzollern Sport Palast, ouvert en 1910; superficie 2700 mq; longueur 90 mètres, largeur 30 mètres, fermé en 1912.
Admiralpalast, ouvert en 1911.
Nuremberg : 1896; 600 mq.
Hanovre. Hambourg.
Munich : 1892: 600 mq; 40 m. × 16 m.
Francfort : 1881; 500 mq; construit pour l'Exposition.

ANGLETERRE

Londres : Prince's Skating Club, 1895; 900 mq; 60 m. × 16 m.; club privé.
Manchester : Ice Palace, 1911; 1 350 mq; 45 m. × 30 m.
Edimbourg : Edinburg Ice Rink, 1912; 1 600 mq; 54 m. × 29 m.
Glascow : Ice Rink Crossmyloof, 1907 : 1 200 mq; 42 m. × 29 m.
Aberdeen : Glaciarium, 1912; 1 700 mq; 72 × 23 m.

ARGENTINE

Buenos-Ayres : 1911.

AUSTRALIE

Melbourne : 1906; 1 300 mq.
Sydney : Glaciarium, 1907; 1 300 mq.
Adélaïde : 1904; 1 300 mq.

AUTRICHE

Vienne : Trois patinoires artificielles à ciel ouvert : *Sportplatz Engelmann, Wiener Eislauf Verein, Training Eisclüb.*

BELGIQUE

Bruxelles : Le Pôle Nord, 1896; 600 mq; 40 m. × 16 m.; *Palais de Glace Saint-Sauveur*, 1911; 1 100 mq; 66 m. × 17 m.
Liége : Palais des Sports, 1912.
Anvers : 1913; 1 400 mq; 70 m. × 20 m.

ÉTATS-UNIS

New-York : Saint-Nicolas Skating Rink, 1904 ; 1 296 mq ; 54 m. × 24 m.
Washington : 1896 ; 2 200 mq.
Boston : Arena, 1911. *The Fenway Garden* 1908 ; 2 700 mq.
Brooklyn : 1896 ; 1 400 mq.
Pittsburg : 1 500 mq.
San Francisco : 900 mq.

FRANCE

Paris : Le Pôle Nord, 1892 ; 684 mq ; 38 m. × 18 m. ; fermé en 1898 ; *Palais de Glace des Champs-Élysées*, 1893 ; 900 mq ; 33 m. × 30 m.
Lyon : Palais de Glace, fermé en 1908 ; 1 200 mq.
Nice : Palais de Glace, 1906 ; 800 mq ; 40 m. × 20 m., devenu club privé depuis 1912.

RUSSIE

Saint-Pétersbourg : 1912.

BIBLIOGRAPHIE

Traités, revues et périodiques traitant du patinage artistique.

ALLEMAGNE

C. S. Zindel : Der Eislauf, 1825.
D. Diamandi : Spuren auf dem Eise.
R. Holletschek : Kunstfertigkeit im Eislaufen, 1904.
Franz Calistus : Die Kunst des Schlittschuh-Laufens.
Dr Dannenberg : Technik des Kunsteilaufs, 1908.
George Helfrich : Praktische Winke fur Kunsteislaufer und Eislaufvereine, 1909; Die Dame auf Schlittschuhen, 1906; Das Paas und Gruppenlaufen auf dem Eise, 1908; Das Eisbuchlein der Jugend, 1910.
W. Swateks : Schlittschuhlauf Figuren.
Deutscher Wintersport, périodique, Berlin.
Der Winter, périodique, Munich.
Ulrich Salchow : Das Kunstlaufen auf dem Eise.

AMÉRIQUE

Franck Swift et *Marvin B. Clark :* The Skaters Text Book, 1868.
The Champion Skate Book and Complete Amateurs Guide.
Skating : Practical Lessons for Plain and Fancy Skating.
F. Lewis : Skating and the Philadelphia Skating Club, 1895.
G. H. Browne : A. Handbook of Figure Skating, 1900; The International Style of Figure Skating; The American Style as Developed and Systematized by European Skaters, 1904; The New Skating, 1910; A Skating primer, 1912.

Spalding's Library : How to Become a Skater, 1904.
Irwing Brokaw : Art of Skating, 1910; The Art of Skating, 1913.
G. A. Meagher : Figure and Fancy Skating, 1895.

ANGLETERRE

Robert Jones : A. Treatise on Skating, 1772 (le premier traité écrit sur le patinage).
Badminton Library : Skating, 1894.
R. H. Fuller : Skating, fifty combined figures.
Douglas Adams : Skating, 1892.
G. Wood and F. E. Robinson : Combined Figure Skating, 1892.
G. H. Fowler : On the Outside Edge, 1897.
Thomson Carman and Doneraile : Combined Hand in Hand Figure Skating, 1904.
Montagu and Mornier-Williams : Figure Skating, 1898; Waltzing on the Ice, 1905.
E. Law : Valsing on Ice, 1907.
Monier-Williams : Combined Figure, Skating, 1882.
G. Wood : Skating and Sliding, 1872.
Yglesias : Figure Skating, 1905.
The Isthmian Library : Ice Sport, 1901.
E. and M. Syers : The Book of Wintersports, 1908.
Wintersport Review, périodique, Londres.

BELGIQUE

R. *Mosselman :* Le Classique international, 1911.

FRANCE

J. Garcin : Le Vrai Patineur, *1813* (Second traité paru sur le patinage).
Les Patins, poème en quatre chants, 1813.
Covilbeaux : Patinotechnie, 1842.
Paulin-Désormeaux : Le Patinage, 1857.
Alphonse Silva : Sur le Patin, 1857.
Physiologie du Patineur, 1862.
Douët : L'École du Patineur, 1863.
Douët : Almanach du Patineur, 1864.
Les Patineurs et l'art de patiner, 1869.
Georges Vail (Frost) : L'Art du Patinage, 1885.
G. Deney : Traité de Patinage, 1891.
Lucien Tignol : Guide pratique du Patineur, 1893.
L. Magnus : Les Sports d'hiver, 1911 ; le Patinage artistique, 1913.
Ulrich Salchow : Manuel de Patinage, 1911.
Les Sports d'hiver, périodique. Paris.
G. Mettez : Traité pratique de Patinage sur glace, 1912.

HOLLANDE

J. van Buttingha Wichers : Schaatsenrijden, 1888.
Dr J. A. Schutter : Schoon en Kunstrijden, 1907.

RUSSIE

L. A. Walter : Le Patinage de figures, 1900 (en russe).
N. A. Panin : Le Patinage de figures dans le style international 1910 (en russe).

SUÈDE

Ulrich Salchow : Handbok i Konstakning par Skridskor, 1906.
Nils Posse : Figurakning a Skridskor, 1889.
Hans T. Naess : Skridskorporten.

SUISSE

Eugène Sordet : Manuel du Patineur, 1873.

TABLE DES MATIÈRES

Paris. — Imp. LAROUSSE, 17, rue Montparnasse.

Bibliothèque Larousse

LITTÉRATURE (Suite).

Racine : Théâtre complet illustré. Avec biographie et notes, par Henri CLOUARD. *Trois volumes* illustrés de 32 gravures dont 12 hors texte. Chaque volume, broché, 1 fr. ; relié toile souple. . . . . 1 fr. 30
En *un seul volume*, reliure demi-peau, tête dorée. . . . . 6 francs

Molière : Théâtre complet illustré. Avec biographie et notes, par Th. COMTE, agrégé de l'Université. *Sept volumes* illustrés de 63 gravures dont 36 hors texte. Chaque volume, broché, 1 fr. ; relié toile souple. . . . . 1 fr. 30
En *deux volumes*, reliure demi-peau, tête dorée. . . . . 13 francs

La Fontaine : Fables illustrées. Avec biographie et notes, par M. MOREL, agrégé de l'Université. *Deux volumes* illustrés de 28 gravures dont 4 hors texte. Chaque volume, broché, 1 fr. ; relié toile souple. . . . . 1 fr. 30
En *un seul volume*, reliure demi-peau, tête dorée. . . . . 4 fr. 50

Boileau : Œuvres poétiques illustrées. Avec biographie et notes, par L. COQUELIN. 8 gravures et un autographe. Broché, 1 fr. ; relié toile souple. . 1 fr. 30
En reliure demi-peau, tête dorée. . . . . 3 francs

La Bruyère : Les Caractères. Avec biographie et notes, par René PICHON, agrégé de l'Université. *Deux volumes* illustrés de 8 gravures hors texte. Chaque volume, broché, 1 fr. ; relié toile souple. . . . . 1 fr. 30
En *un seul volume*, reliure demi-peau, tête dorée. . . . . 4 fr. 50

La Rochefoucauld : Maximes. Avec biographie et notes, par M. ROUSTAN, agrégé de l'Université. 4 grav. Un vol. sous couverture rempliée. . . . 1 fr. 50
Relié toile ivoirine, titre bleu et or, tête bleue . . . . 2 fr. 50
En reliure demi-peau, tête dorée . . . . 3 francs

Mme de Sévigné : Lettres choisies illustrées. Avec biographie et notes, par Marguerite CLÉMENT, agrégée de l'Université. *Deux volumes*, 8 grav. hors texte. Chaque volume sous couv. rempliée, 1 fr. 50 ; relié toile ivoirine. . . . 2 fr. 50
En *un seul volume*, reliure demi-peau, tête dorée. . . . . 4 fr. 50

Bossuet : Œuvres choisies illustrées. Avec biographie et notes, par Henri CLOUARD. *Deux vol.* 18 grav. Chaque volume, broché, 1 fr. ; rel. toile s. 1 fr. 30
En *un seul volume*, reliure demi-peau, tête dorée. . . . . 4 fr. 50

Mme de La Fayette : La Princesse de Clèves. Avec biographie et notes, par L. COQUELIN. 9 gravures dont 2 hors texte. Br., 1 fr. ; rel. toile souple. 1 fr. 30
En reliure demi-peau, tête dorée . . . . 3 francs

XVIIIe SIÈCLE

Saint-Simon : Mémoires (extraits suivis). Avec biographie et notes, par Aug. DUPOUY, agrégé de l'Université. *Quatre volumes* illustrés de 17 gravures hors texte. Chaque volume, broché, 1 fr. ; relié toile souple. . . . . 1 fr. 30
En *un seul volume*, reliure demi-peau, tête dorée. . . . . 7 francs

Abbé Prévost : Manon Lescaut. Avec biographie et notes, par GAUTHIER-FERRIÈRES. 11 gravures. Broché, 1 fr. ; relié toile souple. . . . . 1 fr. 30
En reliure demi-peau, tête dorée. . . . . 3 francs

J.-J. Rousseau : Confessions (extraits suivis). Avec biographie et notes, par H. LEGRAND, agrégé de l'Université. 6 grav. Broché, 1 fr. ; rel. toile s. 1 fr. 30

Diderot : Œuvres choisies illustrées. Avec biographie et notes, par Aug. DUPOUY, agrégé de l'Université. *Trois vol.*, 12 gravures hors texte. Chaque vol. sous couv. rempliée, 1 fr. 50 ; relié toile ivoirine. . . . . 2 fr. 50
En *un seul volume*, reliure demi-peau, tête dorée. . . . . 6 francs

Toute commande d'au moins 25 fr. peut être payée à raison de 5 fr. par mois.

Bibliothèque Larousse

LITTÉRATURE (Suite)

Voltaire : Romans. Avec biographie et notes, par H. LEGRAND. *Deux volumes* illustrés de 6 gravures. Chaque vol., broché, 1 fr. ; relié toile souple. 1 fr. 30
En *un seul volume*, reliure demi-peau, tête dorée. . . . . 4 fr. 50

Voltaire : Œuvre poétique. Avec notes et notices, par H. LEGRAND. 4 grav. hors texte. Un volume sous couverture rempliée, tranches rognées. . 1 fr. 50
Relié toile ivoirine, titre bleu et or, tête bleue. . . . . 2 fr. 50

Voltaire : Histoire de Charles XII. Avec notes et notices, par H. LEGRAND. 1 gravure hors texte, 1 carte en couleurs. Un volume sous couverture rempliée, tranches rognées, 1 fr. 50; relié toile ivoirine, titre bleu et or. . . . . . 2 fr. 50

Voltaire : Théâtre choisi illustré. Avec notes et notices, par H. LEGRAND. 4 gravures hors texte. Un volume, broché, 1 fr.; relié toile souple. . . 1 fr. 30

Regnard : Théâtre choisi illustré. Avec biographie et notes, par Georges ROTH, agrégé de l'Université. *Deux volumes*, 8 gravures hors texte. Chaque volume, sous couverture rempliée, tranches rognées. . . . . 1 fr. 50
Relié toile ivoirine, titre bleu et or, tête bleue. . . . . 2 fr. 50
En *un seul volume*, reliure demi-peau, tête dorée. . . . . 4 fr. 50

Beaumarchais : Théâtre choisi illustré. Avec biographie et notes, par M. ROUSTAN, agrégé de l'Univ. *Deux vol.* 8 grav. Chaque vol., br., 1 fr.; relié t. 1 fr. 30
En *un seul volume*, reliure demi-peau, tête dorée. . . . . 4 fr. 50

Bernardin de Saint-Pierre : Paul et Virginie. Avec biographie et notes, par Aug. DUPOUY. 4 grav. Un vol. sous couverture rempliée, tr. rognées. 1 fr. 50
Relié toile ivoirine, titre bleu et or, tête bleue . . . . 2 fr. 50
En reliure demi-peau, tête dorée. . . . . 3 francs

XIXe SIÈCLE

Chateaubriand : Œuvres choisies illustrées. Avec biographie et notes, par DUPOUY, agrégé de l'Université. *Trois volumes* illustrés de 18 gravures dont 15 hors texte. Chaque volume, broché, 1 fr.; relié toile souple. . . . . 1 fr. 30
En *un seul volume*, reliure demi-peau, tête dorée . . . . 6 francs

Stendhal : La Chartreuse de Parme. Avec biographie et notes, par DUPOUY. *Deux volumes.* 4 grav. hors texte. Chaque vol., broché, 1 fr.; relié toile. 1 fr. 30
En *un seul volume*, reliure demi-peau, tête dorée. . . . . 4 fr. 50

Stendhal : Le Rouge et le Noir. Avec introduction et notes, par C. STRYIENSKI. *Deux volumes.* 4 gravures hors texte. Chaque vol., br., 1 fr.; rel. t. . 1 fr. 30
En *un seul volume*, reliure demi-peau, tête dorée. . . . . 4 fr. 50

Gérard de Nerval : Œuvres choisies illustrées. Avec biographie et notes, par GAUTHIER-FERRIÈRES. 4 grav. Un vol. sous couverture rempliée. . 1 fr. 50
Relié toile ivoirine, titre bleu et or, tête bleue . . . . 2 fr. 50
En reliure demi-peau, tête dorée. . . . . 3 francs

Balzac : Œuvres choisies illustrées. *Huit volumes* illustrés de 7 gravures et 2 autographes (*Le Père Goriot*, 1 vol. ; *Eugénie Grandet*, 1 vol.; *La Cousine Bette*, 2 vol. ; *Le Cousin Pons*, 1 vol. ; *Le Lys dans la vallée*, 1 vol. ; *Le Médecin de campagne*, 1 vol. ; *La Peau de chagrin*, 1 vol.). Chaque vol., br.. 1 franc
Relié toile souple . . . . 1 fr. 30
En *trois volumes*, reliure demi-peau, tête dorée. . . . . 16 fr. 50

Envoi franco contre mandat-poste (pour l'étranger, ajouter 20 cent. par vol.).

Bibliothèque Larousse

LITTÉRATURE (Suite)

Musset : Œuvres complètes illustrées. *Huit volumes* illustrés de 7 gravures et 2 autographes (*Poésies*, 2 vol. ; *Comédies et Proverbes*, 3 vol. ; *Confession d'un enfant du siècle*, 1 vol. ; *Contes*, 1 vol. ; *Nouvelles*, 1 vol.). Chaq. vol., br. **1** franc
Relié toile souple . . . . **1** fr. 30
En *trois volumes*, reliure demi-peau, tête dorée. . . . . **16** fr. 50

Vigny : Œuvres illustrées. Avec biographie et notes, par Gauthier-Ferrières. *Sept volumes* illustrés de 27 gravures hors texte (*Poésies*, 1 vol. ; *Théâtre*, 1 vol. ; *Servitude et grandeur militaires*, 1 vol. ; *Cinq-Mars*, 2 vol. ; *Stello*, 1 vol. ; *Journal d'un poète*, 1 vol.). Chaque volume, sous couverture remplìée, tranches rognées, **1** fr. **50** ; relié toile ivoirine, titre bleu et or. **2** fr. 50
En *trois volumes*, reliure demi-peau, tête dorée . . . . **15** francs

Victor Hugo : Œuvres choisies illustrées. Avec biographie et notes, par Léopold-Lacour, agrégé de l'Université, et préface de Gustave Simon. *Deux volumes* d'environ 550 pages chacun, 60 gravures dont 48 hors texte (*Poésie*, 1 vol. ; *Prose*, 1 vol.). Chaque vol., br., **5** fr. ; rel. toile, **6** fr. ; demi-peau. **8** francs

ANTHOLOGIES

Anthologie des écrivains français des XVe et XVIe siècles. Avec biographies et notes, par Gauthier-Ferrières. *Deux vol.* (*Poésie*, 1 vol. ; *Prose*, 1 vol.). 36 portraits dont 8 hors texte, 18 autogr. Chaque vol., sous couv. rempl. **1** fr. 50
Relié toile ivoirine, titre bleu et or, tête bleue . . . . **2** fr. 50
En *un seul volume*, reliure demi-peau, tête dorée. . . . . **4** fr. 50

Anthologie des écrivains français du XVIIe siècle. Avec biographies et notes, par Gauthier-Ferrières. *Deux volumes* (*Poésie*, 1 vol. ; *Prose*, 1 vol.). 45 portraits dont 8 hors texte, 51 autogr. Chaque vol., br., **1** fr. ; relié t. **1** fr. 30
En *un seul volume*, reliure demi-peau, tête dorée . . . . **4** fr. 50

Anthologie des écrivains français du XVIIIe siècle. Avec biographies et notes, par Gauthier-Ferrières. *Deux volumes* (*Poésie*, 1 vol. ; *Prose*, 1 vol.). 61 portr. dont 8 hors texte, 56 autogr.. Chaque vol., br., **1** fr. ; rel. toile. **1** fr. 30
En *un seul volume*, reliure demi-peau, tête dorée . . . . **4** fr. 50

Anthologie des écrivains français du XIXe siècle. Avec biographies et notes, par Gauthier-Ferrières. *Quatre volumes* (*Poésie*, 2 vol. ; *Prose*, 2 vol.). 89 portr. dont 16 hors texte, 83 autogr. Chaque vol., br., **1** fr. ; rel. t. **1** fr. 30
En *un seul volume*, reliure demi-peau, tête dorée. . . . . 7 francs

2° *Études littéraires.* — Conçus sur un plan uniforme, les volumes ci-dessous comportent, avec la vie des écrivains, l'étude de leur œuvre accompagnée d'extraits caractéristiques.

Montaigne, par L. Coquelin. 6 grav. Br., **0** fr. **75** ; relié toile. **1** fr. 05
Musset, par Gauthier-Ferrières. 4 grav. Br., **0** fr. **75** ; relié toile. **1** fr. 05
Daudet, par P. et V. Margueritte, etc. 8 gr. Br., **0** fr. **75** ; relié toile. **1** fr. 05
A. de Vigny, par Aug. Dupouy. 4 grav. Br., **1** fr. ; relié toile . . . **1** fr. 30
Schiller, par Ch. Simond. 4 gravures. Broché, **0** fr. **75** ; relié toile. **1** fr. 05
Gœthe, par Ch. Simond. 4 gravures. Broché, **0** fr. **75** ; relié toile. **1** fr. 05
Heine, par A. Topin. 4 gravures. Broché, **1** fr. ; relié toile souple . **1** fr. 30
Tolstoï, par Ossip-Lourié. 4 gravures. Broché, **0** fr. **75** ; relié toile. **1** fr. 05
Ibsen, par Ossip-Lourié. 4 gravures. Broché, **0** fr. **75** ; relié toile. **1** fr. 05

Bibliothèque Larousse

LITTÉRATURE (Suite)

3° *Histoire de la Littérature.* — Cette section mettra à la disposition du public, sous une forme peu coûteuse, d'excellents précis des diverses littératures.

La Littérature française au XIXe siècle, par Ch. LE GOFFIC. 76 gravures. Broché, 1 fr. 75; relié toile souple . . . . 2 fr. 25

Littérature allemande, par W. THOMAS. 57 gr. Br., 1 fr. 20; rel. t. 1 fr. 50

Littérature anglaise, par W. THOMAS. 56 gr. Br., 1 fr. 20; rel. t. 1 fr. 50

Littérature italienne, par G.-M. GATTI. 23 gr. Br., 1 fr.; rel. toile. 1 fr. 30

Histoire de la Littérature russe, par L. LEGER, membre de l'Institut. 26 gravures, 5 autographes. Broché, 0 fr. 75; relié toile souple . . . 1 fr 05

Anthologie des écrivains suédois contemporains, par T. HAMMAR. 4 grav. Broché, 1 fr.; relié toile souple . . . . 1 fr. 30

BEAUX-ARTS

Anthologie d'Art français : XIXe siècle (Peinture), par Ch. SAUNIER. *Deux volumes* contenant 240 reproductions photographiques en pleine page. Chaque volume, broché, 2 fr. 50; relié toile souple . . . . 3 fr. 50

Édition de luxe sur papier mat, chaque volume, broché. . . . . 5 francs

Anthologie d'Art français : XXe siècle (Peinture), par Ch. SAUNIER. 128 reprod. photographiques en pleine page. Broché, 3 fr. 50; relié toile . . 4 fr. 50

Édition de luxe sur papier mat, chaque volume, broché . . . . . 6 francs

Rembrandt, par A. BRÉAL. 24 gr. hors texte. Br., 1 fr. 20; rel. toile. 1 fr. 50

L'Art à l'École, par Ch.-M. COUYBA et les membres du Comité de la Société française de l'Art à l'École. 70 grav. Broché, 1 fr. 20; relié toile. . . . 1 fr. 50

HISTOIRE ET GÉOGRAPHIE

Histoire de Russie, par L. LEGER. 12 gr., 2 cartes. Br., 0 fr. 75; rel. 1 fr. 05

Géographie rapide de l'Europe, par Onésime RECLUS. 16 gravures, 1 carte. Broché, 1 fr. 20; relié toile souple. 1 fr. 50

Géographie rapide de la France, par RECLUS. 18 gr. Br., 1 fr. 20; rel. 1 fr. 50

SCIENCES PURES ET APPLIQUÉES

Qu'est-ce que la Science? par LE DANTEC, chargé de cours à la Sorbonne. 88 gravures. Broché, 1 fr. 20; relié toile souple . . . . 1 fr. 50

L'Évolution de l'Astronomie au XIXe siècle, par P. BUSCO. Pages choisies des grands astronomes. 63 grav. dont 16 hors texte. Br., 1 fr. 50; rel. t. 1 fr. 90

L'Évolution de la Chimie au XIXe siècle, par M. OSWALD. 16 gravures hors texte. Broché, 1 fr. 50; relié toile souple . . . . 1 fr. 90

Le Radium, par A. LANCIEN. 39 gr. et 1 planche. Br., 1 fr. 50; relié t. 1 fr. 90

La Photographie des couleurs, par COUSTET. 22 gr. Br., 0 fr. 75; rel. 1 fr. 05

L'Electricité à la maison, par H. de GRAFFIGNY. 100 gr. Br., 1 fr.; rel. 1 fr. 40

Les Alliages métalliques, par HÉMARDINQUER. 9 gr. Br., 0 fr. 50; rel. t. 0 fr. 75

La Voix professionnelle, par le Dr P. BONNIER. 39 gr. Br., 2 fr.; rel. 2 fr. 50

Envoi franco contre mandat-poste (pour l'étranger, ajouter 20 cent. par vol.).

Bibliothèque Larousse

VIE SOCIALE ET DROIT USUEL

La Vie économique, par Frédéric PASSY. Broché, 1 fr. 20; rel. t. 1 fr. 50
Entre locataires et propriétaires, par D. MASSÉ. Br., 1 fr. 20; rel. 1 fr. 50
Les Assurances, par E. ADAM. Guide pratique. Br., 0 fr. 75; rel. t. 1 fr. 05
Ce que la loi punit, par GUYON. Code pénal expliqué. Br., 0 fr. 90; rel. 1 fr. 20
Les Accidents du travail, par L. ANDRÉ. Br., 1 fr. 20; rel. toile. 1 fr. 50
Pour faire soi-même son testament, par PARISOT. Br., 1 fr. 50; rel. 1 fr. 90
Droits de timbre et d'enregistrement, par A. LANOË. Br., 1 fr. 50; rel. 1 fr. 90
Assistance aux vieillards, aux infirmes, aux incurables. Guide pratique à l'usage des fonctionnaires départementaux, etc. Br., 1 fr. 20; relié toile. 1 fr. 50
Code municipal, par Max LEGRAND. Broché, 1 fr. 20; relié toile. 1 fr. 50

MÉDECINE ET HYGIÈNE

L'Estomac, hygiène, maladies, traitement, par le Dr M.-A. LEGRAND. 14 gravures. Broché, 1 fr.; relié toile souple. . . . . 1 fr. 30
L'Œil, hygiène, maladies, traitement, par le Dr VALUDE, médecin de la clinique des Quinze-Vingts. 54 gravures. Broché, 1 fr.; relié toile . . . . 1 fr. 30
L'Oreille, hygiène, maladies, traitement, par le Dr M.-A. LEGRAND. 74 gravures. Broché, 1 fr. 20; relié toile souple. . . . . 1 fr. 50
La Bouche et les Dents, hygiène, maladies, traitement, par le Dr ROSENTHAL. 28 gravures. Broché, 1 fr.; relié toile souple. . . . . 1 fr. 30
Le Nez et la Gorge, hygiène, maladies, traitement, par le Dr A. NEPVEU. 48 gravures. Broché, 1 fr.; relié toile souple. . . . . 1 fr. 30
La Peau et la Chevelure, hygiène, maladies, traitement, par le Dr M.-A. LEGRAND. 65 gravures. Broché, 1 fr. 20; relié toile souple. . . . . 1 fr. 50
Le Visage, correction des difformités, par le Dr L. LAGARDE. 75 gravures. Broché, 1 fr. 20; relié toile souple. . . . . 1 fr. 65
Les Nerfs et leur hygiène, conseils aux nerveux et aux neurasthéniques, par le Dr GUILLERMIN. Broché, 0 fr. 75; relié toile souple. . . . . 1 fr. 05
Les Maladies de poitrine, par le Dr GALTIER-BOISSIÈRE. 63 gravures. Broché, 1 fr. 35; relié toile souple . . . . 1 fr. 75
Arthritisme et artério-sclérose, p. le Dr LAUMONIER. Br., 1 fr. 20; r. 1 fr. 50
Hernies et varices, par L. et J. RAINAL. 55 grav. Br., 0 fr. 90; rel. 1 fr. 20
Précis d'alimentation rationnelle, p. le Dr PASCAULT. Br., 1 fr. 20; r. 1 fr. 50
La Cuisine hygiénique, par Mme Cl. FAURE. Br., 1 fr. 50; rel. toile. 1 fr. 95
Pour élever les nourrissons, par le Dr GALTIER-BOISSIÈRE. Conseils pratiques à l'usage des jeunes mères. 62 grav. Broché, 0 fr. 90; relié toile 1 fr. 20
Pour préserver des maladies vénériennes, par le Dr GALTIER-BOISSIÈRE. 34 gravures. Broché, 0 fr. 75; relié toile souple. . . . . 1 fr. 05
Les Vaccins microbiens, par le Dr RENAUD-BADET. 12 grav. Broché, 1 fr.; relié toile souple. . . . . 1 fr. 30

Toute commande d'au moins 25 fr. peut être payée à raison de 5 fr. par mois.

Bibliothèque Larousse

AGRICULTURE

Routine et progrès en agriculture, p. DUMONT. 92 gr. Br., 1 fr. 80; rel. 2 fr. 25

Le Jardin de l'instituteur, de l'ouvrier et de l'amateur, par P. BERTRAND. Manuel pratique de jardinage. 60 grav. et 9 pl. Br., 1 fr. 20; rel. t. 1 fr. 50

Le Verger de l'instituteur, de l'ouvrier et de l'amateur, par P. BERTRAND. 193 gravures. Broché, 1 fr. 20; relié toile souple . . . . 1 fr. 50

Le Bétail, par Marcel VACHER. 10 grav. Broché, 0 fr. 75; relié toile. 1 fr. 15

Le Porc, par Marcel VACHER. 10 gravures. Br., 0 fr. 75; rel. toile. 1 fr. 15

Toute la Basse-Cour, par H. VOITELLIER. 11 gr., 24 pl. Br. 1 fr. 50; cart. 1 fr. 95

Améliorations du sol, par M. ABADIE. 95 gr. Br., 0 fr. 90; relié toile. 1 fr. 20

Des fourrages verts toute l'année, p. COMPAIN. 44 gr. Br., 0 fr. 90; rel. 1 fr. 20

CONNAISSANCES PRATIQUES

Défends ton argent, par G. SOREPH. 4 gr. Br., 0 fr. 90; rel. toile. 1 fr. 20

La Cuisine à bon marché, par Mme SÉVRETTE. Br., 0 fr. 90; rel. t. 1 fr. 20

La Nourriture de l'Enfance, par le Dr H. LEGRAND. Br., 1 fr. 20; rel. 1 fr. 50

Champignons mortels et dangereux, par F. GUÉGUEN, professeur agrégé à l'École supérieure de Pharmacie. 7 planches en couleurs. Relié toile. 1 fr. 50

Le Guide mondain, par la Ctesse DE MAGALLON. Br., 0 fr. 90; rel. toile 1 fr. 20

Le Passe-temps des mois, par DELOSIÈRE. 111 grav. Br., 0 fr. 75; rel. 1 fr. 05

La Maison fleurie, par F. FAIDEAU. 61 grav. Br., 0 fr. 90; rel. toile. 1 fr. 20

Les Habitations à bon marché, par J. LAHOR. 39 gr. Br., 2 fr.; rel. 2 fr. 30

Le Dessin de l'artisan et de l'ouvrier, p. CHEVRIER. Br., 0 fr. 75; rel. 1 fr. 05

Pour former un tireur, par VIOLET et VOULQUIN. Br., 0 fr. 75; rel. t. 1 fr. 05

Frontières françaises, forts, camps retranchés, par G. VOULQUIN. *Trois vol.* illustrés de nombreuses grav. et cartes. Chaque vol., br., 1 fr. 20; rel. 1 fr. 50

SPORTS

Les Sports athlétiques : *Football, Course à pied, Saut, Lancement*, par J. et P. GARCET DE VAURESMONT. 45 gr. dont 28 hors texte. Relié toile. 2 francs

Les Sports nautiques : *Aviron, Natation, Water-polo*, par Louis DOYEN, Paul AUGÉ et Georges MOËBS. 41 gravures dont 24 hors texte. Relié toile. 2 francs

Le Lawn-tennis, le Golf, le Croquet, le Polo, par P. CHAMP, F. DE BELLET, A. DESPRÉS, F. CAZE de CAUMONT. 50 grav. dont 24 hors texte. Relié t. 2 francs

La Boxe : *Boxe anglaise et française, lutte*, par J. MOREAU, CHARLEMONT, LUSCIEZ et DERIAZ. 48 gravures. Relié toile souple. . . . . 2 francs

L'Escrime, par KIRCHHOFFER, J. J.-RENAUD et LECUYER. 48 gr. Rel. t. 1 fr. 30

La Chasse à tir au chien d'arrêt et la chasse au gibier d'eau, par P. BERT, Cte J. CLARY, VOULQUIN, etc. 128 gravures. Relié toile . . . 2 francs

Les Éclaireurs de France et le rôle social du scoutisme français, par le capitaine ROYET. 28 gravures hors texte. Relié toile souple . . . . 2 francs

Jeux et concours de plein air à la campagne, à la mer, à l'école, par le Baron GUSTAVE. 60 gravures dont 32 hors texte. Relié toile . . . . . . 2 francs

Envoi franco contre mandat-poste (pour l'étranger, ajouter 20 cent. par vol.).

LIBRAIRIE LAROUSSE, 13-17, RUE MONTPARNASSE, PARIS (6e)
ET CHEZ TOUS LES LIBRAIRES

Dictionnaires Larousse

Les meilleurs et les plus célèbres des dictionnaires

Éditions pour toutes les bourses

Le Larousse pour tous, dictionnaire encyclopédique en *deux volumes*, publié sous la direction de Claude AUGÉ. 1 950 pages (format 21 × 30,5), 17 325 grav., 216 cartes en noir et en couleurs, 35 planches en couleurs. Broché . . **35** francs
Relié demi-chagrin . . . **45** francs
Payable 5 francs tous les deux mois (pour la France, l'Algérie, la Tunisie, l'Alsace-Lorraine, la Belgique et la Suisse). — Au comptant, 10 0/0

Condensant en deux volumes extraordinairement substantiels une masse énorme de documentation sur toutes les matières, merveilleusement illustré et contenant de superbes cartes et planches en noir et en couleurs, le *Larousse pour tous* réalise pour la première fois une encyclopédie vraiment sérieuse et complète à la portée de tous.

Nouveau Larousse illustré, dictionnaire encyclopédique en *huit volumes*, publié sous la direction de Claude AUGÉ. 7 600 pages (32×26), 237 000 articles, 49 000 gravures, 504 cartes en noir et en couleurs, 89 planches en coul. Br. **230** francs
Relié demi-chagrin . . **275** francs
Casier-bibliothèque en noyer ciré ou acajou ciré . . . . . . **30** francs
Payable 10 francs par mois (pour la France, l'Algérie, la Tunisie, l'Alsace-Lorraine, la Belgique et la Suisse). — Au comptant, 10 0/0 d'escompte.

Reproduction très réduite (forma: 21×30,5)

Le plus récent, le plus remarquablement documenté et le plus magnifiquement illustré des grands dictionnaires encyclopédiques, rédigé par plus de 400 collaborateurs d'élite. Le plus grand succès de la librairie française (*210 000 souscripteurs à ce jour*).

Grand Dictionnaire Larousse, en *dix-sept volumes*. 24 500 pages (32 × 26), 2 864 gravures. Broché, **650** francs (payable **20** fr. par mois); — relié demi-chagrin, **750** francs (payable **25** fr. par mois). — Remise importante au comptant.

Spécimens gratis et franco sur demande.

Dictionnaires divers

Dictionnaire usuel de Droit, par MAX LEGRAND, avocat. Un volume in-8° de 840 pages, 15 gravures et 3 cartes. 11e mille. Broché . . . . 7 fr. 50
Relié toile . . . . 9 francs
Supplément. 144 pages. Broché . . . . 3 francs

Rédigé dans un esprit essentiellement pratique, ce dictionnaire met à la portée de tous ce qu'il peut être utile de savoir en matière juridique, sous une forme aussi claire et accessible que possible, et l'ordre alphabétique en rend en outre la consultation infiniment plus commode que celle d'un code. Il est superflu d'insister sur les services qu'un ouvrage ainsi conçu peut rendre à chacun dans la conduite de ses affaires; ce sera en particulier un guide des plus précieux toutes les fois qu'on aura un contrat à passer, un procès à intenter ou à soutenir, ou simplement quelque formalité administrative ou judiciaire à remplir. Un appendice placé à la fin du volume donne la formule d'un certain nombre d'actes d'une application courante : reconnaissances, procurations, baux, etc. (*Demander le prospectus spécimen.*)

Dictionnaire analogique de la langue française, par P. BOISSIÈRE. Répertoire complet des mots par les idées et des idées par les mots. 11e édition. Un volume gr. in-8° de 1500 pages. Broché . . . . 25 francs
Relié toile, 28 fr. ; relié demi-chagrin . . . . 30 francs

Par un système d'analogie très ingénieux, cet ouvrage permet de trouver sur-le-champ le terme propre qui répond à une idée quelconque et suggère, peut-on dire, les expressions dont on a besoin. On voit quels services il peut rendre à tous ceux qui ont à écrire en français. (*Demander le prospectus spécimen.*)

Dictionnaire synoptique d'étymologie française, par H. STAPPERS, donnant la dérivation des mots usuels, classés sous leur racine commune et en divers groupes : latin, grec, langues germaniques, etc. Un volume in-12 de 960 pages. 6e édition. Relié toile . . . . 6 francs

Dans ce livre on trouvera, groupés d'une façon méthodique, tous les mots de la langue française de même provenance, qui, dans les autres dictionnaires, se trouvent forcément éparpillés d'après l'ordre alphabétique. On comprend quel intérêt présente cet ouvrage, tant au point de vue des recherches étymologiques qu'au point de vue de l'étude des mots. (*Demander le prospectus spécimen.*)

Vocabulaire synthétique de la langue française, par L. GRIMBLOT. Un fort volume in-12, illustré de 4500 gravures. Broché . . . . 10 francs
Relié toile . . . . 12 francs

Cet ouvrage permettra de se livrer à une étude approfondie du vocabulaire. On y trouvera les mots-racines des diverses provenances groupés avec leurs dérivés autour de l'idée à laquelle ils se rapportent.

Dictionnaire méthodique et pratique des rimes françaises, précédé d'un traité de versification, par Ph. MARTINON. Un volume petit in-12 de 300 pages. 4e édition. Relié toile . . . . 2 fr. 50

Ce dictionnaire offre des avantages considérables sur tous les ouvrages similaires. Outre que sa nouveauté le met au courant des derniers enrichissements de la langue, il se recommande par l'originalité de son plan, grâce auquel les rimes sont présentées d'une façon particulièrement pratique. (*Demander le prospectus spécimen.*)

Envoi franco au reçu d'un mandat-poste.

Bibliothèque rurale

Les ouvrages qui composent cette collection ont un caractère essentiellement pratique. Dépouillés autant que possible de tout langage scientifique, ils exposent sous une forme simple et accessible tout ce qu'il est utile de savoir pour réussir aujourd'hui dans les diverses branches des travaux agricoles. (*Collection honorée de nombreuses souscriptions des ministères de l'Agriculture et de l'Instruction publique.*)

L'Agriculture moderne, encyclopédie de l'agriculteur, par V. Sébastian, chimiste agronome. 560 pages, 671 gravures. Broché, 5 fr. ; relié toile. 6 fr. 50

La Ferme moderne, traité des constructions rurales, par Abadie, professeur de génie rural à l'Ecole nat. d'agric. de Rennes. 390 gr. Br., 3 fr. ; rel. t. 4 francs

Prairies et Pâturages (Praticulture moderne), par Compain, chef des cultures à l'Ecole nationale d'agriculture de Rennes. 181 grav. Br., 3 fr. ; rel. t. 4 francs

Rotations et assolements, par Parisot, professeur à l'Ecole nationale d'agriculture de Rennes. Broché, 2 fr. ; relié toile . . . . 3 francs

La Culture profonde et les améliorations foncières, par R. Dumont, professeur spécial d'agriculture. 33 grav. Broché, 1 fr. 50 ; relié toile. 2 fr. 25

La Fumure raisonnée, par R. Dumont. Trois volumes illustrés : *Légumes et cultures maraîchères*, broché, 3 fr., relié, 4 fr. ; — *Arbres fruitiers et vigne*, br., 3 fr., rel., 4 fr. ; — *Fleurs et plantes ornementales*, br., 2 fr., rel. 3 francs

Les Sols humides, par R. Dumont. 52 grav. Br., 2 fr. ; relié toile. 3 francs

Les Industries de la ferme, par Larbalétrier. 161 gr. Br., 2 fr. ; rel. 3 francs

L'Outillage agricole, par de Graffigny. 240 gr. Br., 2 fr. ; rel. t. 3 francs

Élevage en grand de la volaille, par Palmer. Br., 1 fr. 50 ; rel. 2 fr. 25

La Basse-Cour, par Troncet et Tainturier. 80 grav. Br., 2 fr. ; rel. 3 francs

Le Bétail, par Troncet et Tainturier. 100 grav. Br., 2 fr. ; relié . 3 francs

La Médecine vétérinaire à la ferme, par le Dr G. Moussu, professeur à l'Ecole d'Alfort. 85 gravures. Broché, 3 fr. ; relié toile . . . . 4 francs

La Laiterie moderne, par Wauters et Mme Haentjens. 75 gravures. Broché, 2 fr. ; relié toile. . . . . 3 francs

L'Arboriculture fruitière en images, par Vercier, professeur spécial d'horticulture. 101 planches avec texte explicatif en regard. Br., 3 fr. : rel. t. 4 francs

L'Arboriculture pratique, par Troncet et Deliège. Br., 2 fr. ; rel. 3 francs

La Viticulture moderne, par G. de Dubor. 100 gr. Br., 2 fr. ; rel. t. 3 francs

Le Pommier à cidre et les meilleurs fruits de pressoir, par E. Fau, prof. spécial d'agriculture. 30 gr. et 32 planches hors texte. Br., 2 fr. ; rel. t. 3 francs

L'Apiculture moderne, par Clément, vice-président de la Société centrale d'apiculture. 153 gravures. Broché, 2 fr. ; relié toile . . . . 3 francs

Pisciculture pratique, par A. Humbert. 125 grav. Br, 3 fr. ; relié. 4 francs

Le Jardin potager, par Troncet. 190 grav. Br., 2 fr. ; relié toile. 3 francs

Le Jardin d'agrément, par Troncet. 150 grav. Br., 2 fr. ; relié . 3 francs

Comptabilité agricole, par Barillot. Broché, 2 fr. ; relié toile. . 3 francs

Les Animaux de France, utiles et nuisibles, par Clément et Troncet. 160 gravures. Broché, 2 fr. ; relié toile . . . . 3 francs

Destruction des insectes et autres animaux nuisibles, par A.-L. Clément. 400 gravures. Broché, 2 fr. ; relié toile. . . . . 3 francs

Ecoles et cours d'Agriculture, par Duguay. 39 gravures. Br. . . 1 franc

Envoi franco au reçu d'un mandat-poste.

Collection in-4° Larousse

Grâce aux prix très modérés des ouvrages qui la composent, cette superbe collection met à la portée de tous des satisfactions jusqu'ici réservées à un petit nombre de bibliophiles et d'amateurs. (Format 32 × 26.) — *Demander le prospectus détaillé.*

Histoire de France illustrée (des Origines à 1871), *en deux volumes.* 2 028 gravures photographiques, 43 planches en couleurs, 9 cartes en couleurs, 96 cartes en noir. Broché, **53** fr. ; relié demi-chagrin. . . . . **65 francs**

La France, géographie illustrée, *en deux volumes*, par P. JOUSSET. 1 942 gravures photographiques, 47 planches hors texte, 21 cartes et plans en noir, 30 cartes en couleurs. — Broché, **56** fr. ; relié demi-chagrin. . . . . . **68 francs**

Atlas Colonial illustré. 7 cartes en couleurs, 70 cartes en noir, 16 planches hors texte, 768 gravures photographiques. — Broché, **18** fr. ; relié . **23 francs**

Paris-Atlas, par F. BOURNON. 595 gravures photographiques, 32 dessins, 24 plans en huit couleurs. — Broché, **18** fr. ; relié demi-chagrin. . **23 francs**

L'Allemagne contemporaine illustrée, par P. JOUSSET. 588 grav. photogr. 8 cartes en coul., 14 cartes en noir. — Broché, **18** fr. ; relié demi-chagr. **23 francs**

La Belgique illustrée, par DUMONT-WILDEN. 570 gravures photographiques, 10 planches hors texte, 4 planches en couleurs, 6 cartes en couleurs, 22 cartes en noir. — Broché, **20** fr. ; relié demi-chagrin . . . . **26 francs**

L'Espagne et le Portugal illustrés, par P. JOUSSET. 772 gravures photographiques, 10 cartes et plans en couleurs, 11 cartes et plans en noir. — Broché, **22** fr. ; relié demi-chagrin . . . . **28 francs**

La Hollande illustrée, par VAN KEYMEULEN, BOOT, etc. 349 gravures photographiques, 2 planches en couleurs, 15 planches en noir, 4 cartes en couleurs, 35 cartes en noir. — Broché, **12** fr. ; relié demi-chagrin . . . **17 francs**

L'Italie illustrée, par P. JOUSSET. 784 grav. photogr., 14 cartes et plans en couleurs, 9 cartes en noir. — Broché, **22** fr. ; relié demi-chagrin. . . **28 francs**

La Suisse illustrée, par A. DAUZAT. 635 grav. photogr., 12 planches en noir, 2 planches en couleurs, 10 cartes en noir, 11 cartes en couleurs. Broché, **19** fr. ; relié demi-chagrin . . . . **25 francs**

Atlas Larousse illustré. 42 cartes en couleurs, 1 158 gravures photographiques. — Broché, **26** fr. ; relié demi-chagrin. . . . . **32 francs**

La Terre, géologie pittoresque, par Aug. ROBIN. 760 gravures photographiques, 24 hors-texte, 53 tableaux de fossiles, 158 dessins et 3 cartes en couleurs. — Broché, **18** fr. ; relié demi-chagrin. . . . . **23 francs**

La Mer, par CLERC-RAMPAL. 636 grav. photogr., 16 pl. en noir, 10 pl. et cartes en coul., 316 cartes en noir ou dessins. — Br., **20** fr. ; rel. d.-ch. **26 francs**

Le Musée d'Art (des Origines au XIXe siècle), publié sous la direction d'E. MÜNTZ. 900 gr. photogr., 50 pl. h. t. — Br., **22** fr. ; rel. demi-ch. **27 francs**

Le Musée d'Art (XIXe siècle). 1 000 gravures photographiques, 58 planches hors texte. — Broché, **28** fr. ; relié demi-chagrin . . . . **34 francs**

Les Sports modernes illustrés, 813 gravures, 28 planches hors texte. — Broché, **20** fr. ; relié demi-chagrin. . . . . **26 francs**

En cours de publication : **Histoire de France contemporaine** (1871 à 1913).

N. B. — *Ces ouvrages peuvent être acquis à raison de 5 francs par mois par 100 francs de commande (en France, Algérie, Tunisie, Alsace-Lorraine, Suisse et Belgique).*

Envoi franco au reçu d'un mandat-poste.

Paris. — Imp. LAROUSSE. — 559

Prix : 2 francs net.

www.ingramcontent.com/pod-product-compliance
Ingram Content Group UK Ltd.
Pitfield, Milton Keynes, MK11 3LW, UK
UKHW021535260726
13993UKWH00002B/514

9 782019 962951